Si la
FRANCE
m'était contée...

*Voyage encyclopédique
au cœur de la France d'autrefois*

Volume 3

Chez le même éditeur

Collection « Au Temps Jadis »

Fêtes populaires d'autrefois : *les réjouissances de nos aïeux*, 2013

Histoire pittoresque des métiers *(tome 1)*, 2013

200 jeux de notre enfance *en plein air et à la maison*, 2014

La publicité d'antan s'affiche *(tome 1) : la réclame d'autrefois à travers les affiches publicitaires*, 2014

La publicité d'antan s'affiche *(tome 2) : la réclame d'autrefois à travers les affiches publicitaires*, 2014

Histoire de France : *l'indispensable pour devenir incollable*, 2015

Grandes légendes de France *(tome 1) : 10 récits merveilleux de nos aïeux*, 2015

Nos 500 expressions et proverbes les plus pittoresques : *la quintessence de la sapience*, 2015

Cris des marchands ambulants du vieux Paris : *le monde pittoresque des petits métiers de la rue*, 2016

Si la France m'était contée... *(volume 1) : voyage encyclopédique au cœur de la France d'autrefois.* Nouvelle édition, recomposée et enrichie, des numéros 1 et 2 du périodique *La France pittoresque*, 2015

Si la France m'était contée... *(volume 2) : voyage encyclopédique au cœur de la France d'autrefois.* Nouvelle édition, recomposée et enrichie, des numéros 3 et 4 du périodique *La France pittoresque*, 2015

L'encyclopédie du temps jadis : *collection des 40 numéros parus entre 2003 et 2014 de la publication* La France pittoresque

Collection « Figures de France »

Si Jeanne d'Arc m'était contée... : *savoir l'essentiel sur la Pucelle*, 2015

Si Louis XI m'était conté..., à paraître

Collection « Questions Historiques »

Petits mensonges historiques : *enquête sur des mots historiques célèbres mais en réalité jamais prononcés*, 2012

La Bastille : *prisonnière séculaire des mensonges révolutionnaires*, 2015

Vade-mecum de la féodalité : *mémento pour tous démêlant le vrai du faux*, 2015

Vade-mecum du règne de Louis XIV : *dialogue autour de l' « absolutisme »*, 2015

Collection « Nos Villes et Villages Pittoresques »

Une saison d'été à Biarritz : *Biarritz autrefois, Biarritz aujourd'hui*, 2014

Collection « L'Histoire Illustrée »

La légende de l'origine du paon, 2015

Petite légende de Bergerette, 2016

Si la FRANCE m'était contée...

*Voyage encyclopédique
au cœur de la France d'autrefois*

Volume 3

La France pittoresque

LA FRANCE PITTORESQUE

COLLECTION « Au Temps Jadis »
Dirigée par Valéry Vigan

© La France pittoresque, 2016
ISBN 978-2-36722-021-5

Illustration de couverture : d'après *Chemin de fer du Nord. Berck-Plage.*
Affiche publicitaire parue en 1905. Dessinateur : Louis Tauzin (1842-1915)
Site Internet : www.france-pittoresque.com
Mail : info@france-pittoresque.com

« Hâtons-nous de raconter
les délicieuses histoires du peuple
avant qu'il ne les ait oubliées. »

(Charles Nodier, 1840)

LA FRANCE PITTORESQUE — XVIe XVIIe **XVIIIe** XIXe — Personnages

Les **tribulations** de PIERRE POIVRE le missionnaire des épices

A trente ans, tandis que de brillantes études le prédestinent à l'évangélisation de l'Extrême-Orient, ce Lyonnais d'une intelligence, d'une probité et d'une habileté rares, devient botaniste et jette tous ses efforts dans une bataille de longue haleine : la conquête des épices. Voyageur infatigable, il sillonne les mers, chaque escale lui valant d'acquérir de nouvelles connaissances sur les plantes « utiles » et l'art de les cultiver. Bravant les coups bas, il introduit les épices au sein des colonies françaises, mettant tout son savoir au service des îles de France et de Bourbon dont il devient l'Intendant en 1767, leur apportant cannelle, avocat des Antilles, sagou, mabolo des Philippines, dattier ou savonnier de Chine.

Pierre Poivre, né en 1719, à Lyon, était sorti d'une famille respectable originaire de cette ville. Doué d'une facilité merveilleuse pour l'étude des langues, il voulait aller prêcher le christianisme aux peuples de l'Extrême-Orient. C'est ainsi qu'il se rendit à Paris, vers sa dix-neuvième année, pour faire une sorte de noviciat aux Missions étrangères.

De malheureuses péripéties lui forgent un destin atypique

Avant d'être ordonné prêtre, il souhaitait renoncer au monde européen et connaître le théâtre sur lequel devait s'exercer son zèle religieux : aussi s'embarqua-t-il pour la Chine. Dès son arrivée dans le port de Canton, n'étant pas encore sinologue expert, il présenta une lettre écrite en chinois qu'on lui avait remise à son départ de l'Europe et qui, censée lui ouvrir les portes des chrétientés, le dénonçait en réalité à certains mandarins : elle ne lui ouvrit que les portes d'une prison. Sa captivité dura deux ans. Il acquit pendant cette pénible retraite un trésor inappréciable : lorsqu'il sortit de prison il savait s'exprimer correctement en chinois, et il avait acquis des notions sur certains idiomes peu connus.

En 1745, alors qu'il revenait en Europe pour entrer dans les ordres, le bâtiment sur lequel il occupait une place modeste fut attaqué par les Anglais. Bien que sa position lui permît de décliner l'honneur d'assister au combat, il s'exposa courageusement au fort du péril, et eut le poignet emporté par un boulet de canon. Le vaisseau fut pris et le missionnaire, jeté à fond de cale, resta vingt-quatre heures sans être pansé : la gangrène s'était établie, et il fallut faire l'amputation plus haut ; opération qui se fit à bord des Anglais, et par leur chirurgien. A peine était-elle achevée que le feu prit au bâtiment. Poivre, abandonné, perdit une grande quantité de sang, et bientôt la connaissance : peut-être fut-ce un bien, cette énorme saignée ayant prévenu et affaibli la fièvre inflammatoire, dont le danger est extrême sous le climat brûlant de l'Inde.

Sa nouvelle vocation de chasseur d'épices l'incite à voyager

Les Anglais manquant de vivres, conduisirent et libérèrent leurs prisonniers à Batavia, et ce fut dans cette capitale des établissements hollandais que Poivre prit des connaissances réfléchies sur la culture des épices précieuses que les Hollandais possédaient alors exclusivement, en ayant enlevé le monopole aux Portugais. Dans le temps où l'on ne craignait pas d'offrir des épices à ses juges, au siècle où toutes les bonnes maisons possédaient deux volumes fort recherchés, *la Cuisine des odeurs*, puis *les Dons de Comus*, on se faisait encore une idée assez exacte de ce que la noix muscade, le macis, le clou de girofle et la cannelle pouvaient produire de richesses aux nations opulentes qui en avaient le monopole et qui en défendaient sous les peines les plus sévères l'acclimatation. Poivre résolut d'en enrichir un jour son pays.

Au bout de quatre mois, il s'embarqua, avec le reste des Français, pour aller hiverner à Merguy, dans le royaume

Pierre Poivre. Dessin de Garnier, d'après un portrait de la Manufacture de Sèvres

Personnages

de Siam, où les Forbin et les Chaumont avaient fondé notre influence dès le règne précédent. De là il passa à Pondichéry, cette capitale de nos établissements dans l'Inde, où Dupleix et La Bourdonnais donnaient le spectacle désolant de leurs discordes et de leurs talents. Homme de paix et de concorde, le jeune voyageur tenta, en vain, de les concilier. Leur rivalité l'instruisit ; il était mûr pour l'administration lorsqu'il suivit La Bourdonnais à l'île de France (île Maurice), et cependant il n'avait pas encore trente ans. Après avoir observé d'un œil pénétrant les procédés agricoles d'une île qu'il devait plus tard enrichir, parce qu'il la sut gouverner, il partit pour l'Europe. A peine avait-il pénétré dans la Manche, après une pénible navigation, qu'un bâtiment anglais s'empara de son navire et le conduisit à Guernesey. Il fut libre au bout de huit jours, le traité providentiel de paix calmant toute l'Europe venant d'être signé.

Avisée, la Compagnie des Indes s'adjoint les services de Poivre

Les curieuses observations qu'il avait rapportées de l'Asie, jointes à la perfection avec laquelle il parlait le chinois, le cochinchinois et le malais, fixèrent sur lui l'attention de la Compagnie des Indes, et le firent choisir, en 1749, pour aller en qualité de ministre du roi, en Cochinchine, fonder une nouvelle branche de commerce. Dans cette mission, Poivre sut faire montre de talent, d'une probité délicate, d'une étonnante activité, d'une dignité sage. Le souverain de la Cochinchine, surpris de trouver un jeune européen avec lequel il pouvait converser sans interprète, se lia d'amitié pour Poivre. Mettant à profit son séjour en recueillant les plantes les plus utiles dans le but de les introduire sur l'île de France, il devenait ainsi le bienfaiteur de cette colonie, en y apportant le poivrier, le cannelier, plusieurs arbres de teinture, de résine et de vernis, plusieurs espèces d'arbres fruitiers, et le

Un paysage de l'île de France. Dessin de Karl Girardet, d'après M. Erny

Port-Louis, dans l'île de France. Dessin de Karl Girardet, d'après M. Erny

plus précieux des présents qu'il avait faits, le riz sec, dont l'acclimatation sur d'autres points du globe est à elle seule un immense bienfait. Ce riz connut un succès jusqu'en Europe méridionale, n'ayant pas besoin de baigner dans les eaux stagnantes d'où s'exhalent ces émanations paludéennes qui mettent en péril la vie des hommes. Quittant la Cochinchine, Poivre se rendit ensuite à l'île de France, où il fut confronté aux dissensions intérieures de la Compagnie des Indes, ce qui compromit son souhait d'enrichir son pays des précieuses sources des épices. Il confia cependant des plants de muscadiers et de girofle à quelques colons de l'île de France, y joignant d'excellentes instructions sur leur culture : c'était en 1754, et les précieux arbres devaient par la suite périr, la jalousie des botanistes réduisant ses efforts à néant.

Mais déjà, Poivre s'embarquait pour Manille. Il trouva un pays en feu, dont le gouvernement espagnol avait engagé des querelles sérieuses avec toutes les nations voisines et retenait le roi d'Iolo prisonnier. Poivre devant à son sang-froid, sa douceur et sa franchise, d'obtenir la libération du roi en calmant les esprits, il accomplit sa mission et acquit quelques connaissances avant de partir vers les îles à épiceries, traversant des mers infestées de pirates, pour revenir après un long périple à l'île de France. Bien que jouissant d'une grande réputation, il n'y trouva pas un gouverneur disposé à lui venir en aide dans son entreprise. Ce climat quelque peu hostile le décida à retourner en France, non sans avoir remis au conseil supérieur de la colonie, le 8 juin 1755, les plants précieux qu'il avait apportés, et qui furent reconnus pour être des épiceries fines.

Jamais celui-ci n'avait perdu une occasion de recueillir et de rapporter des connaissances utiles à sa patrie. Dans le Coromandel, il avait suivi les procédés employés par les Indiens pour la peinture de belles toiles et avait étudié la composition des teintures. En Chine, il s'était instruit à fond sur les matériaux et la fabrique des porcelaines, et sur la manière de préparer les soies de Nankin. A Madagascar, il avait étudié les mœurs des habitants, ses ports, ses rivières, ses productions et les ressources qu'il pouvait fournir à nos colonies des îles de France et de Bourbon. De retour à Lyon en 1756, il devint membre de plusieurs académies des sciences. En 1766, les invitations les plus pressantes de la part du gouvernement vinrent le chercher au milieu des préparatifs de son mariage : le ministre de la Marine, le duc de Pralin, le proposa comme

Personnages

Intendant des îles de France et de Bourbon (île de la Réunion), s'appuyant sur l'excellente réputation de Poivre et tandis que la Compagnie des Indes avait cessé d'exister, estimant que lui seul pouvait réparer dans ces deux îles les fautes d'une administration qui, depuis qu'elle n'était plus sous le contrôle de La Bourdonnais, avait été constamment malheureuse.

L'économie des colonies dont il a la charge devient florissante

Lorsqu'il prit ses fonctions en juillet 1767, il trouva les îles de France et de Bourbon dans un anéantissement presque total ; la culture, le commerce, les fortifications, tout avait été également négligé. Il parvint à tout rétablir. Ses premiers soins se portèrent sur la culture des comestibles. Il mit la plus grande activité à y introduire de Madagascar, du Cap de Bonne-Espérance et de l'Inde, tous les animaux domestiques et toutes les productions propres à la consommation des habitants et aux besoins des navigateurs. En six ans, il fit de ces îles des colonies enviées et organisées, y introduisant l'imprimerie, y acclimatant les épices, y créant l'un des plus beaux jardins botaniques au monde, le Parc des Pamplemousses.

En 1773, l'île de France avait quintuplé ses récoltes de riz et de froment. Il y cultiva avec succès l'ampalis ou mûrier à gros fruit vert de Madagascar, l'arbre à huile essentielle de rose, du thé de Chine, du bois de campêche, du dattier, du cocotier, du manguier, de l'arbre des autres épices, du chêne, du sapin, de la vigne, du pommier, de l'avocat des Antilles, du mabolo des Philippines, du savonnier de Chine, du maran d'Yolo, du mangoustan — fruit réputé le meilleur de l'Asie —, sans oublier le sagoutier, beau palmier dont le tronc renferme une moelle savoureuse et substantielle dont il avait préconisé l'utilité avec une persévérance qui ne l'abandonnait jamais.

Buste de Pierre Poivre au Parc des Pamplemousses

Billet de loterie de 1963 à l'effigie de Pierre Poivre

Quand les juges se faisaient payer en épices

Les épices, denrées précieuses, servirent un temps à rémunérer les magistrats lorsqu'on gagnait un procès. Une source d'excès qui fut à l'origine de réglementations...

Quand on avait gagné un procès, on allait, par reconnaissance, offrir des épices à ses juges. Ceux-ci, quoiqu'alors les ordonnances eussent réglé que la justice se rendrait gratuitement, se crurent permis de les accepter ; parce qu'en effet un présent aussi modique n'était pas fait pour alarmer la probité. Néanmoins, bientôt l'avarice et l'avidité changèrent en abus ce tribut de gratitude. Pour y remédier, saint Louis défendit aux juges de recevoir, dans la semaine, plus de la valeur de dix sous en épices. Philippe le Bel, plus sévère encore, leur défendit d'en accepter au delà de ce qu'ils pouvaient consommer journellement dans leur maison, sans gaspillage. Des règlements pareils étaient louables assurément par les intentions de droiture et de justice qu'ils supposent ; mais, si quelqu'un trouvait son intérêt à ne pas les suivre, comment l'y forcer ?

Au lieu de tous ces paquets de bonbons, dont la multiplicité embarrassait, et dont ne pouvait se défaire qu'avec perte, les magistrats trouvèrent plus commode de recevoir de l'argent. Pendant quelque temps néanmoins il leur fallut, pour être autorisés à cette nouveauté, une permission particulière. Le plaideur qui avait gagné son procès présentait au Parlement une requête, par laquelle il demandait à s'acquitter de cette manière. Le tribunal délibérait ensuite sur la requête ; mais le rapporteur ne pouvait rien recevoir que quand elle avait été admise. Ce fut ainsi qu'en 1369, un sire de Tournon obtint de donner vingt francs d'or à ses deux rapporteurs.

Tous ces abus nouveaux en produisirent un autre, plus grand encore. Accoutumés à des rétributions, les juges oublièrent que, dans l'origine, elles avaient été libres ; ils en vinrent à croire qu'elles leur étaient dues ; et, en 1402, ils rendirent un arrêt qui les déclara telles. Les plaideurs, de leur côté, ne secondèrent que trop cette avidité naissante ; car, au lieu d'attendre la décision du procès pour payer les épices, ils n'eurent pas honte de les apporter d'avance, c'est-à-dire, de se présenter chez leurs juges comme corrupteurs.. Ce qui paraîtra moins croyable encore, c'est que bientôt les magistrats firent une loi de cette nouvelle coutume ; et de là cette formule si célèbre, qu'on lit en marge dans les anciens registres du Parlement : *non deliberetur donec solvantur species*. Depuis cette époque on appela *épices* la somme que les juges des divers tribunaux recevaient des parties dont ils avaient examiné le procès. ∎

D'APRÈS... **Mémoires complets et authentiques de Saint-Simon** (Tome XI)

Regagnant Lyon en 1773, Pierre Poivre se fixa dans son agréable retraite de la Fresta, pensionné et anobli, protégé par Turgot. Ses innombrables voyages avaient affaibli sa constitution. Sa santé s'en trouvant altérée dès 1784, il passa l'hiver 1784-1785 à Hyères, sur les conseils de son médecin ; voyage très salutaire, qui ne put cependant réparer les outrages que la goutte avait causés. On vit Poivre s'affaiblir par degrés pendant tout l'été, et l'hydropisie de poitrine miner lentement ce grand homme de bien. Il succomba le 6 janvier 1786 « avec la même tranquillité qu'il avait gardée toute sa vie. » ∎

D'APRÈS...
> **Oeuvres complètes de Pierre Poivre, précédées de sa vie** paru en 1797

Mœurs/Coutumes XVe XVIe XVIIe XVIIIe

Si la France m'était contée...

L'usage jusqu'au XVIIe siècle des EFFIGIES en cire

Comment, jusqu'au XVIIe siècle, l'on exécutait par contumace un criminel, ou l'on rendait les honneurs à un prince défunt, grâce à une reproduction en cire de leur figure.

On entendait autrefois par effigie la reproduction en cire de la figure d'un roi, d'un prince du sang après leur mort ou d'un criminel resté introuvable. Ce rapprochement s'explique par deux étranges coutumes.

Tout d'abord, un coupable en fuite, condamné par contumace, était exécuté en effigie, c'est-à-dire que son image était conduite sur le lieu du supplice avec tout le cérémonial ordinaire, et y subissait la sentence prononcée contre celui que la justice ne pouvait atteindre.

Ce premier emploi de l'effigie était donc une marque de flétrissure, d'ignominie. Le second, au contraire, constituait un honneur suprême, une dernière preuve de respect à l'égard d'un roi, d'un membre de la famille royale, après leur mort. Dès que le malade avait rendu le dernier soupir, on faisait son effigie en cire, puis le corps était transporté du petit lit où il avait été soigné, sur le grand lit ou *lit de parade*, pour y être exposé aux yeux du public admis à contempler une dernière fois les traits d'un personnage auguste.

Effigie d'Anne de Bretagne, d'après un manuscrit de la bibliothèque de Rennes

Effigie funéraire du roi Henri IV exécutée par le sculpteur Michel Bourdin (1585-1645)

parade un temps plus ou moins long. S'agissait-il d'un roi ou d'une reine, l'effigie avait la couronne sur la tête, le sceptre dans une main et la main de justice dans l'autre main. De plus, les officiers de tous grades continuaient leur service autour de cette image en cire, comme s'il n'était rien survenu d'anormal, et cela pendant plus de trois semaines.

En 1514, Anne de Bretagne mourait, et nous trouvons dans le récit de ses funérailles la phrase suivante, dans laquelle il est certainement question de l'effigie de cette reine : « Sur le drap d'or estoit une saincte et remembrance, faicte près du vif après la face de la dicte dame, où avoit besogné Jehan de Paris. » Nous donnons, du reste, une reproduction, d'après un manuscrit du temps, du lit de parade sur lequel fut exposée cette image.

D'après Bassompierre, les choses ne se passèrent pas autrement à la mort de Henri IV. « Le corps du roi, écrit-il, fut porté en la grand'salle de parade ou de l'effigie, laquelle fut servie, comme si le roi eust vescu. Nous la vinmes garder ce qui dura plus de trois semaines, au bout desquelles l'effigie fut ostée, la salle tendüe de noir, etc. », et, en 1646, Mme de Motteville nous apprend que, suivant la coutume, on servit l'effigie du prince de Condé pendant trois jours seulement.

Le Mercure d'août 1683 assigne une date précise à l'abandon de ces honneurs funèbres lorsqu'il informe ses lecteurs que Marie-Thérèse d'Autriche n'eut pas son effigie. ■

La figure de cire d'un prince, respectée comme un être vivant

Ces expositions duraient deux, trois, et quelquefois même cinq jours, après lesquels, la mise en bière effectuée, le rôle de l'effigie commençait. Elle était revêtue des propres vêtements de la personne défunte, et suivant le rang occupé par cette dernière, demeurait sur le lit de

D'après...
> *Le Magasin pittoresque* paru en 1889

Les rusées et redoutées attaques en ville de LOUPS affamés

À l'heure ou la réintroduction du loup fait débat, souvenons-nous qu'il fallut attendre la fin du XIXe siècle pour voir ce prédateur disparaître de nos régions, exterminé par les mesures successives mises en place par les gouvernements depuis le XVe siècle. Lors d'hivers rigoureux, il n'était pas rare de surprendre un loup entrant dans Paris, déterrant les cadavres ou s'emparant d'un enfant pour assouvir sa faim. Un animal d'autant plus redoutable qu'il sait aussi faire preuve d'une grande ruse pour atteindre sa proie.

En France, les loups étaient autrefois très nombreux, parce que les bois étaient plus abondants qu'aujourd'hui et offraient aux fauves des retraites sûres. Si l'on en croit certains étymologistes, ils infestaient notamment la Beauce, qui aurait d'ailleurs tiré son nom de ce fléau, *belsia*, par transposition de *Blesia*, de l'armoricain *bleiz* ou du gaélique *Blézian* signifiant *loup*. Il est utile d'ajouter qu'autrefois la Beauce étant couverte de bois, constituait une terre de prédilection pour les loups, celui-ci ne faisant pas la guerre au milieu d'une plaine unie et découverte, mais lui préférant des défilés, des ravins, des fossés, des longs de haies, des buissons. Jusqu'à la fin du XVIIIe siècle, la Beauce fut le théâtre d'horribles méfaits des loups. Plus d'une de ces bêtes féroces, la *bête de Bailleau*, la *bête d'Orléans* et autres, acquit en ces anciens temps, une célébrité presque égale à celle de la *bête du Gévaudan*.

Des loups affamés, dans les rues et les cimetières

Les loups étaient aussi beaucoup plus audacieux autrefois et, par suite, plus dangereux pour les êtres humains. Plusieurs chroniqueurs rapportent qu'au Moyen Age, au cours d'hivers rigoureux, les loups qui pullulaient dans les forêts voisines de la capitale, ne craignaient pas de pénétrer dans Paris, et de venir ravir des enfants jusque sur la place Maubert. On peut ainsi lire dans le *Journal d'un bourgeois de Paris (1405-1449)* : « En ce temps estoient les loups si affamez qu'ilz entroient de nuyt es bonnes villes et faisoient moult de dyvers dommaiges, et souvent passoient la Saine et plusieurs autres à neu ; et aux cymetieres qui estoient aux champs, aussi tost queon avoit enterré les corps, ilz venoient par nuyt et les desterroient et les mangeoient ; et les gembes que on pendoit aux portes mengerent ilz en saillant, et les femmes et enfans en plusieurs lieux (...) Le 16e jour de décembre, vindrent les loups soubdainement et estranglerent 4 femmes mesnaigeres, et le vendredy ensuyvant ilz en affollerent 17 entour Paris, dont il en est mouru les unze de leur morsure.

« (...) En celui temps, comme roy fut à Paris, furent les loups si esragez de menger cher de homme, de femme ou d'enfans, que en la darraine sepmaine de septembre estranglerent et mangerent 14 personnes, que gras que petiz, entre Montmartre et la porte Sainct-Anthoine, que dedens les vignes que dedens les marès ; et s'ilz trouvoient un troupeau de bestes, ilz assailloient le berger et laissoient les bestes. La vigille Sainct Martin fut tant chassé ung loup terrible et orrible que on disoit que lui tout seul avoit fait plus des douleurs devant dictes que tous les autres ; celui jour fut prins et n'avoit point de queue, et pour ce fut nommé Courtaut, et parloit autant de lui comme on fait d'un larron de bois ou d'un cruel cappitaine, et disoit on aux gens qui alloient aux champs : « Gardez-vous de Courtaut ». Icellui jour fut mis en une brouette, la gueule ouverte, et mené parmy Paris, et laissoient les gens toutes choses à faire, fust boire, fust menger, ou autre chose necessaire que ce fust, pour aller veoir Courtaut, et pour vray, il leur vallu plus de 10 francs la cuillette ».

Jean Chartier, dans sa *Chronique de Charles VII, roi de France* (tome I, p. 245) consacre tout un paragraphe aux loups qui infestaient les environs de Paris ; il nous apprend que la Chambre des comptes allouait pour chaque loup capturé une prime de 20 sols parisis, payée par les soins de

Faune/Flore

Michel de Laillier, « outre ce qu'on en pouvoit recevoir parmy la ville de Paris, où on les portoit exposez en veue ». Suivant le même chroniqueur, ces carnassiers étranglèrent dans le plat pays de soixante à quatre-vingts personnes.

Le loup élabore une stratégie pour surprendre sa proie

Pierre Thomas du Fossé, dans ses *Mémoires* (tome II), s'attarde quant à lui sur quelques ruses employées par les loups décidant de surprendre un troupeau ou d'attra-

per une proie : « Un loup, ayant aperçu de loin un cheval qui paissait, et qui était seul au milieu d'une campagne, ne voulut point l'attaquer à force ouverte, craignant le coup de pied, en un lieu où cet animal avait toute liberté de ruer et de se défendre ; mais il résolut d'user d'adresse pour le surprendre. Dans ce dessein, il s'approchait peu à peu, en badinant et en faisant mille singeries, comme font certains chiens folâtres, qui jouent les uns avec les autres ; car il voulait l'accoutumer de la sorte à le voir sans s'effaroucher. S'étant ainsi approché et comme familiarisé peu à peu avec le cheval, il n'osa encore se jeter sur lui, dans la crainte du coup de pied, qui aurait pu renverser tous ses stratagèmes et tous ses desseins.

« Mais il s'avisa de ce nouvel artifice, qui paraîtrait incroyable, si celui-là même qui le vit de loin, sans se douter de quoi que ce soit, ne l'avait dit à la personne de qui je le sais. Il y avait là une mare pleine de boue. Le loup alla s'y vautrer, et revint après en faisant les mêmes singeries qu'auparavant. Comme le cheval s'était accoutumé à le voir ainsi badiner autour de lui, il n'en eut aucune peur ; et lui, prenant son temps favorable, se secoua tout d'un coup, près de la tête de ce cheval, comme font les chiens quand ils sont sortis de l'eau. Alors la boue, dont le loup était couvert, étant entrée dans ses yeux, comme il leva aussitôt sa tête pour la secouer, le loup lui sauta à la gorge dans l'instant et l'étrangla, à la vue de son propre maître, qui était celui qui le regardait de loin, sans savoir d'abord à quoi tout cela aboutissait, et qui vit son cheval étranglé, avant même qu'il songeât à le secourir ; parce que, dans l'éloignement où il était, il ne pouvait pas facilement distinguer si c'était un loup plutôt qu'un chien. Il est donc certain que cet animal est celui presque de tous les animaux qui est le plus artificieux et le plus rusé : et quand on parle des finesses du renard, c'est qu'on ne connaît pas celles du loup en comparaison duquel le renard est très grossier. »

Mesures drastiques pour venir à bout d'un fléau attribué aux sorciers

Vers le XVe siècle fut créée une charge spéciale de Grand Louvetier de France, pour la direction des chasses au loup. Il avait sous ses ordres des lieutenants de louveterie, dirigeant chacun les chasses dans une province. Un édit de 1583, sous Henri III, donnait pouvoir aux agents forestiers d'assembler les habitants de chaque province trois fois par an, en vue de battues générales. Une ordonnance de Henri IV (1601) prescrivait aussi des battues générales. En outre, pour encourager la destruction des fauves, c'est également sous ce roi que l'on commença à accorder une prime de 300 francs pour une louve abattue, de 250 francs pour un loup, de 100 francs pour un louveteau. Mais les ravages des loups devinrent si fréquents qu'on ne voulut même plus les attribuer à une cause naturelle : on croyait communément que c'étaient des sorciers ou des sorcières qui prenaient la forme de bêtes pour assouvir leurs appétits féroces. Dans les documents contemporains, on voit plus d'une trace de cette croyance populaire. Les registres de l'état-civil de la commune des Châtelets, canton de Brezolles, arrondissement de Dreux, mentionnent que « le 25e jour de juillet 1634, a esté inhumé au cimetière de la Mancelière, Jehan, fils de Mathry Malapis, aagé de unze à douze ans, ledit enfant avant esté emporté et dévoré par une beste en espèce de loup ; toutefois, croiance de ceux qui l'ont veue est que c'est ung sorcier ou sorcière. »

Une ordonnance de Louis XIV (1669) confirma les prescriptions de Henri IV. Elles n'avaient pas cessé d'être nécessaires, puisqu'en 1712, dans la forêt d'Orléans, les loups dévorèrent en quelques jours une centaine de personnes, si bien que le roi y envoya ses équipages de chasse pour mettre fin au carnage. En 1765, les loups étaient si nombreux dans la forêt de Sainte-Menehould, que les bûcherons durent y abandonner le travail. La loi du 10 messidor an V ordonna certaines mesures offensives et défensives contre les loups, et en 1818, le ministre de l'Intérieur lança une instruction dans le même but. Enfin, en 1830, le service de la louveterie, qui, depuis 1814, avait été placé dans les attributions du Grand veneur, fut réuni à celui des forêts, et régi par le règlement de 1832.

Vers le milieu du XIXe siècle, le

Bûcherons assaillis par des loups

Faune/Flore

nombre des loups ayant diminué considérablement, on abaissa dans une proportion énorme les primes d'encouragement accordées antérieurement pour leur destruction. Jusqu'en 1882, on ne donna plus que 18 francs pour une louve pleine, 15 francs pour une louve non pleine, 12 francs pour un loup et 6 francs pour un louveteau.

Néanmoins, lors du grand hiver de 1879-1880, les loups firent de tels ravages que les Chambres votèrent, le 3 août 1882, une loi rétablissant les fortes primes de la manière suivante : 200 francs pour tout fauve, loup ou louve, s'étant jeté sur des êtres humains ; 150 francs pour une louve pleine ; 100 francs pour un loup ou une louve non pleine ; enfin 40 francs par louveteau. Les effets de cette législation n'ont point tardé à se faire sentir : de 1319 loups tués en 1883 on passe en 1900 à 115. ■

D'APRÈS...
> *À travers le monde* paru en 1906

Clergé et droit de sépulture

Au cours du Moyen Age, le droit de tierçage ou de sépulture avait été substitué par les curés à la dîme verte qu'ils prélevaient sur tous les fruits et légumes, et dont la perception était onéreuse pour eux. Probablement cet usage, dit Pocquet de Livonnière, n'eut lieu d'abord que dans les paroisses rurales ; mais un abus introduit au nom de la religion pénètre promptement partout, et sans doute il ne tarda pas à passer des campagnes dans les villes.

Le jour du décès du père ou de la mère de famille, le curé, accompagné de ses agents, venait faire un inventaire de tout ce qu'il y avait dans la maison, la boutique ou l'atelier, et immédiatement ils en enlevaient le tiers, ou s'établissaient dans la maison pour la garde. « On sait que ce droit de tierçage ou de sépulture, écrit M. Parrot, n'était pas la seule vexation que le clergé faisait à la famille de ceux qui, en mourant, ne léguaient par leur testament une partie de leur fortune aux prêtres, ou refusaient de se confesser. » Cependant plusieurs conciles, notamment celui tenu à Latran en 1179, défendaient « comme un abus horrible » de rien exiger pour les sépultures et pour les sacrements, et traitaient de simoniaques les prêtres qui prenaient quelques droits en alléguant la longue coutume ; ce qui ne rend l'abus que plus criminel, porte le 7e canon du concile de Latran.

On notera la touchante légende des enfants de Raoul Hamelin, dépouillés par cet abus odieux. Leur cause, qui était celle de la justice et de l'humanité, fut prise en main par un grand magistrat, Thibault Levrault, juge ordinaire d'Anjou pour le roi Charles VI. Après six années de lutte contre le clergé, ce courageux magistrat obtint du Parlement de Paris, le 23 août 1402, un arrêt qui abolit pour toujours le droit de tierçage en Anjou. ■

D'APRÈS... ***Abolition du droit de tierçage en Anjou*** paru en 1868

La boussole : « découverte » des Français et des Chinois ?

L'origine de la boussole se perd dans les époques les plus reculées, Aristote en parlant dans son livre *de Lapidibus*. Si les Chinois connaissaient déjà la pierre aimantée au IIe siècle de notre ère, l'emploi de l'aimant et du fer aimanté dans des chars magnétiques sur lesquels était placée une petite figure d'homme qui d'une main montrait le sud, est quant à elle moins ancienne : la description la plus ancienne d'une boussole dans les livres chinois ne date que de l'époque comprise entre 1111 et 1117, tandis que l'usage en est indubitable par la marine chinoise au XIIIe siècle.

Quid des Européens ? Les Italiens ont revendiqué la découverte de la boussole en faveur de Flavio Gioia né vers 1300 près d'Amalfi, dans le royaume de Naples. Or, quand il serait vrai que l'Antiquité n'aurait pas connue la boussole, l'utilisation de l'aimant pour se guider est mentionnée dès 1260 par Brunetto Latini, dans son livre du *Trésor* ; en 1250 par Vincent de Beauvais, d'après Albert-le-Grand ; en 1220 par Jacques de Vitry ; en 1190 par le poète français Guyot de Provins. Mais les monuments chinois conservent encore un avantage d'un demi-siècle sur ces époques européennes : la boussole n'était donc pas une nouveauté du temps de Guyot.

Pour autant, serait-elle apparue simultanément en Europe et en Chine – comme la poudre à canon et l'imprimerie – sans qu'on puisse en attribuer le mérite de l'originalité à une nation sur l'autre ? Un élément de réponse est apporté par un trouvère du XIIe siècle, Guillaume le Normand, auteur d'une *Complainte d'amour* antérieure à Guyot de Provins. Il y mentionne l'existence de la boussole, ce qui constitue une présomption de paternité égale à celle qui s'élève en faveur des Orientaux. Voici quelques vers du poème de Guillaume, dans lequel il compare sa dame à l'étoile polaire nommée la *Tramontana* :

Et quand la nuis est trop oscure
Est-cle encor de tel nature
Qu'à l'aïmant fait le fer traire,
Si que, par forche et par droiture
Et par ruille (règle) qui toujours dure
Sevent le liu de son repaire.

Son repaire sevent à route
Quand li tems n'a de clarté goute ;
Tout chil qui font ceste maistrise
Quar une aiguille de fer boute
Si qu'ele pere (paraît) presque toute
En un poi de liège, et l'atise (Attire),
La pière d'aïmant bien bise ;
S'en un vaissel plain d'iaue est mise
Si que nus hors ne la deboute,
Sitost comme l'iau s'aserise (devient calme)
Gardons quel part la pointe vise ;
La tresmontaigne est là sans doute.

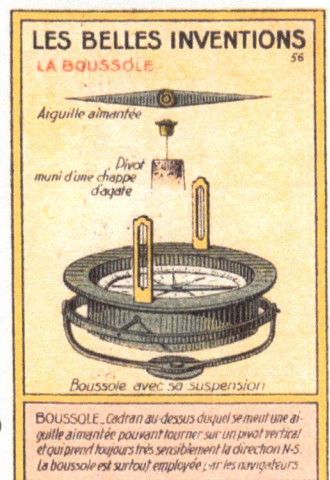

Il semblerait donc qu'en Europe, la boussole soit française d'invention, bien qu'elle ait pu recevoir en différents pays et à diverses époques des perfectionnements qui sont devenus les motifs de la dispute de priorité. Le public a pu regarder le nom de la *boussole* comme dérivé de l'italien *bussolo*, boîte de buis ; de l'anglais *box*, boîte ; du français *bussets*, boisseau ; ou même du latin *buxula*, petite boîte. Les Flamands ont pu fournir les noms de points cardinaux.

De surcroît, l'usage de tracer une fleur de lys sur la rose des vents adopté depuis l'origine de la boussole par toutes les nations européennes, ce qui appuie, s'il était besoin, la thèse de l'origine française. ■

D'APRÈS... ***Bulletin du bibliophile*** paru en 1856

Le saviez-vous ?

Les POINTS sur les I

D'après Mabillon dans son *De re diplomatica* (Tome I, chapitre XI), l'usage de pointer les « i » remonte au commencement du XVe siècle. Les auteurs du *Nouveau traité* diplomatique (Tome II, p. 310) ne se sont guère écartés de cette opinion : suivant eux, « les points sur les « i » n'ont commencé tout au plus tôt que vers la fin du quatorzième siècle. » La justesse de cette observation est journellement reconnue par ceux qui étudient les écritures du Moyen Age. Mais la paléographie n'admet pas de règles absolues, et les bénédictins sont allés trop loin quand ils ont condamné d'avance les manuscrits où les points seraient régulièrement placés sur les « i » avant le XIVe siècle. Le Cartulaire de Saint-Cyprien de Poitiers consultable à la Bibliothèque nationale fournit, en effet, un exemple authentique de l'emploi des « i » pointés au XIIe siècle.

Dans ce cartulaire, dont la principale partie semble écrite au commencement de ce siècle, les titres sont rangés suivant l'ordre topographique. A la fin de chaque chapitre, le rédacteur a ménagé des blancs, où différents copistes ont inscrit les actes postérieurs. Deux chartes ont notamment été ajoutées dans un de ces blancs ; l'écriture en est, au plus tard, de la seconde moitié du XIIe siècle. On remarque que, partout où l'i redoublé (ii) se présente dans ce texte, chaque lettre est surmontée d'un point parfaitement formé et absolument semblable au point qui suit différents mots pour indiquer la suspension du sens. Il est impossible de supposer que ces signes ont été mis après coup ; ils sont assurément de la même main que les lettres qu'ils accompagnent. Il faut donc bien admettre qu'au monastère de Saint-Cyprien de Poitiers, un copiste du XIIe siècle s'est avisé de pointer les « i », et que la présence des points sur l'« i » ne suffit pas pour faire rejeter comme fausse une écriture antérieure au XIVe siècle. ■

*D'APRÈS... **Bibliothèque de l'Ecole des Chartes** paru en 1852*

Festin d'apparat au Moyen Age (enluminure datant de 1450)

verser son pain et son verre ; c'était un affront que seule la mort pouvait laver. Charles VI, le jour de l'Epiphanie, donnait un festin à plusieurs de ses grands vassaux, lorsque tout à coup un héraut s'approche de l'endroit où était assis Guillaume de Hainaut, comte d'Ostrevant, et tranche la nappe devant lui. « Un prince, ajoute-t-il, qui ne porte pas d'armes ne doit point manger avec le roi. — Quoi ! dit le comte indigné, n'ai-je pas le heaume, la lance et l'écu ? — Si cela était, réplique le héraut qui s'était chargé de ce rôle délicat, la mort de votre oncle assassiné par les Frisons ne resterait pas impunie. » La chronique ajoute que cette forte leçon eut son plein effet. ■

*D'APRÈS... **Le Magasin pittoresque** paru en 1838*

Bien se tenir À TABLE au Moyen Age

Le paon, considéré au Moyen Age comme un oiseau noble et comme un mets relevé et délicat, était servi sur la table des hauts barons avec un raffinement de luxe et des cérémonies qui attestaient tout le prix qu'on y attachait. Non seulement il y figurait tantôt enseveli de fleurs, tantôt lançant par le bec une flamme brillante, mais encore le soin de le servir, retiré aux écuyers servants ordinaires, était réservé à la dame châtelaine, qui apportait l'oiseau et le plaçait soit devant le seigneur du logis, soit devant une personne élevée en dignité ou renommée par sa valeur. Le convive honoré de ce choix devait dépecer l'animal avec assez d'adresse pour que tous les assistants en reçussent une part. Cette opération ne s'accomplissait qu'au milieu de louanges et d'applaudissements décernés au chevalier tranchant, et relatifs à ses anciens exploits. Celui-ci, enthousiasmé, se levait alors, et faisait le serment, la main sur le plat, de mériter de plus grands éloges, soit en plantant le premier son étendard sur telle ville qu'on allait assiéger, soit en portant à l'ennemi le premier coup de lance, etc. Il se servait de cette formule sacramentelle : *Je voue à Dieu, à la Sainte Vierge, aux dames et au paon* de faire telle ou telle chose.

L'expression *trancher la nappe* est venue de ce que, lorsqu'un seigneur voulait se venger d'un rival, il envoyait un héraut couper en deux la partie de la nappe devant laquelle il était assis, et ren-

« Noëls » pour NOCES bourguignonnes

En Bourgogne comme dans toutes nos autres provinces, les anciens costumes ont peu à peu changé ; les villes ont copié Paris, les villages essayent de copier les villes ; l'uniformité gagne de proche en proche. Mais les coutumes ne changent pas aussi vite que les modes, parce qu'elles tiennent davantage au caractère, à l'humeur de la race.

Une noce de paysans bourguignons se passe au XIXe siècle de la même manière qu'un siècle auparavant. Parmi ces chansons, qui sont l'accompagnement ordinaire des noces, comme de toutes les fêtes privées ou publiques, les anciens *noëls* tiennent une grande place. Bien que le thème d'un noël soit nécessairement la venue du Messie, il ne faut pas croire que ces sortes de chants retentissent solennellement sous la voûte des églises, au milieu de la fumée de l'encens, ou bien dans les processions, dans les réunions pieuses ; sans être intentionnellement impies, ces hymnes rustiques admettent la plaisanterie la plus libre, la malice la plus risquée, et ils se chantent dans les salles des cabarets, dans l'intérieur

Une noce bourguignonne au XVIIIe siècle

des maisons, autour du fagot qui flambe dans la haute cheminée, tandis que le vin blanc coule dans les verres, que les boudins et les tranches de lard fument dans la poêle et sur le gril. On les entend aussi le soir en plein air, psalmodiés par des voix criardes auxquelles se mêlent les sons nasillards de la musette.

Ces vieux noëls ne sont pas seulement confiés à la mémoire de ceux qui les chantent. Ils forment des recueils, les uns imprimés, les autres manuscrits, que les paysans conservent dans leurs armoires, d'où ils les tirent pour les feuilleter pendant la veillée à l'approche des cérémonies civiles ou religieuses. Ils sont, avec le paroissien, toute la bibliothèque de bien des familles villageoises, qui se les transmettent, déformés, fanés par l'usage, de génération en génération. ■

*D'APRÈS... **Le Magasin pittoresque** paru en 1877*

LA FRANCE PITTORESQUE

Antiquité >>> XVIIIe — Mode/Costume

Quand le CORSET sculptait le corps féminin et régnait en maître

La mode antique n'imposait pas aux femmes de porter un corset pour mettre en valeur leurs avantages corporels, ce rôle étant simplement dévolu aux ceintures et écharpes. Si l'avènement du corset eut lieu sous François Ier, on put observer dès le XIIe siècle les prémices de son hégémonie, lorsque le justaucorps moulant fit son apparition, suivi de près par les surcots serrés des Anglaises. De gêne il devint souffrance, prenant alors la forme d'une armure de fer...

L'origine du corset ne remonte pas à une époque aussi reculée que le croient certains auteurs. Cet instrument « de gêne et de mensonge », comme le dit si bien le Rapport des industries accessoires du vêtement, rédigé par le Jury international de l'Exposition de 1889, était inconnu des Grecques et des Romaines, aussi coquettes cependant que le sont, de nos jours, nos élégantes Françaises.

La poitrine fait l'objet de toutes les attentions au XIIe siècle

Pour faire valoir les beautés de leur corsage et apprécier la souplesse et la finesse de leur taille, les femmes de la Grèce et de l'ancienne Rome soutenaient leur poitrine et maintenaient leur taille avec des écharpes ou des ceintures, voire même avec de simples bandelettes adroitement disposées les unes sur les autres, et qui n'étaient en rien préjudiciables à leurs avantages corporels et à leur santé.

Les admirables chefs-d'œuvre de la statuaire antique prouvent qu'à cette époque la femme n'avait nul besoin de recourir au corset pour être belle. Il est vrai que Vénus, si souvent chantée par Homère, portait, ainsi que Junon, une ceinture richement ornée et qui dessinait leurs formes superbes ; mais ce n'était encore qu'une simple écharpe dont ces déesses avaient emprunté l'usage aux faibles mortelles. Du reste, les hommes comme les femmes ont toujours été soucieux de conserver la majesté de leur maintien, et nous voyons dans l'histoire que Capitolinus, l'historiographe d'Antonin, mettait des corsets en bois de tilleul pour s'amincir la taille et donner plus d'élégance à sa démarche.

En France, sous Charles-le-Chauve, on portait déjà le justaucorps, et les gravures du temps représentent Richilde, femme de ce prince, revêtue d'un corset de ce genre. C'est vers le milieu du douzième siècle que les élégantes mirent à la mode le *bliaud*, sorte de justaucorps qui se moulait exactement sur le buste. Il ne plissait pas dans sa longueur, mais avec des fers on lui faisait produire des plis concentriques aux genoux, aux coudes, aux épaules, sur la poitrine et autour des hanches. Retroussé au-dessus de la ceinture, il retombait sur celle-ci, et la dérobait complètement aux regards. Les manches allèrent d'abord en s'évasant, comme des entonnoirs ; plus tard elles furent, au contraire, serrées aux poignets et très larges des entournures.

Dame en surcot d'environ 1390

Au bliaud succéda le *hardie*, espèce de cotte qui emprisonnait la poitrine tout en laissant un jeu très libre à la respiration. En 1271, on abandonna les justaucorps pour adopter les vêtements étroits introduits en France par les Espagnols, mais portés surtout par les habitants de la Gaule Narbonnaise. Au commencement du quatorzième siècle, les robes à corsages serrés et très décolletés laissaient à découvert tout le haut de la poitrine ; mais vers 1350 les dames et les filles suivantes des Compagnies anglaises introduisirent chez nous une sorte de corset qui n'était

Bliaud du musée de Munich (XIe siècle)

Mode/Costume

autre qu'une mante en pelleterie entourant la taille. « Les *surcots* ouverts, c'est-à-dire évidés sur les côtés, dit Quicherat, constituaient alors avec les corsets de drap d'or ou de fourrures, les costumes de cérémonie des grandes dames ».

Des « instruments de torture » prennent corps à la Renaissance

La Renaissance, pendant laquelle les lettres, les sciences et les arts brillèrent d'un si vif éclat, mit en vogue le *corsatus*, riche pourpoint qui avantageait la taille des hommes, et la *cotte*, sorte de camisole très ajustée et lacée par derrière, que les femmes portaient en guise de corset. Ce vêtement fut bientôt remplacé par un instrument de torture que Marie de Médicis importa chez nous, en 1532, et que l'on appela *corset à buse*. Riolan, Winston, Van Swieten, Soemmering et bien d'autres s'élevèrent inutilement contre cette mode ridicule, mais leurs conseils furent aussi méconnus que les édits royaux qui tentèrent d'en supprimer l'usage. Ces cuirasses ou *basquines* étaient faites en fil de laiton et avaient une forte baleine cousue sur le devant pour leur donner encore plus de rigidité. C'est grâce à ce corset que s'obtenaient les tailles fines dites à l'*espagnole*.

« Pour faire un corps bien *espagnolé*, écrivait Montaigne, quelle gehenne les femmes ne souffrent-elles pas, guindées et sanglées avec de grosses coches (entailles) sur les costes, jusques à la chair vive. Oui, quelquefois à en mourir. » L'illustre Ambroise Paré disait avoir vu sur ses tables de dissection de jolies femmes, à taille fine, dont les côtes chevauchaient les unes sur les autres. « Il faut bien, ajoutait M. Quicherat, qu'il y ait eu des éclisses de métal ou de bois, une armature quelconque, à l'appareil qui faisait cette belle besogne. »

Nous publions ici une gravure représentant une telle armature. Qui ne croirait voir une armure véritable, n'étaient les trous, les jours largement espacés qui rendraient une pareille cuirasse tout à fait inutile pour la défense ? Elle est faite entièrement de fer : c'est bien là la pièce de soutien dont parlait le secrétaire de Jean Lippomano, envoyé de la république de Venise en France après 1577, lequel a décrit le costume des Françaises de ce temps : « Par-dessus la chemise, elles portent un buste ou corsage qu'elles appellent corps piqué, qui leur donne du maintien ; il est attaché par derrière, ce qui avantage la poitrine. » Autant le *buste* amincissait la taille, autant la vertugale devait donner de l'ampleur à la jupe. C'était, comme on s'en souvient, une véritable cage, par-dessus laquelle était tendue la cotte. Aux corsets de laiton, succédèrent les corsets de bougran, armés de baleines de tous côtés, et sur lesquels on montait les robes. Boursaut, dans sa comédie des *Mots à la*

Buste du XVIe siècle

Dame en robe montante à la mode de 1572 et Demoiselle de la bourgeoisie de Lyon en 1572. Recueil de Gaignières, tome IX

mode, nous apprend comment le corset était fait à son époque, et de quel nom singulier il fut baptisé :

> Enfin la gourgandine est un riche corset
> Entr'ouvert par devant à l'aide d'un fin lacet.
> Et, comme il rend la taille et plus belle et plus fine,
> Ou a cru lui devoir le nom de gourgandine.

1770 : les corsets sur la sellette

L'industrie des corps, à laquelle tant de générations s'étaient docilement soumises, fut attaquée au milieu du XVIIIe siècle par des médecins renommés de l'Allemagne et de l'Angleterre. En France, Jean-Jacques Rousseau et Buffon mirent leur éloquence au service de la même cause ; puis, en 1770, un livre qui résumait toutes les raisons données par les maîtres, parut sous ce titre significatif : *Dégradation de l'espèce humaine par l'usage des corps à baleines*, ouvrage dans lequel on démontre que c'est aller contre les lois de la nature, augmenter la dépopulation et abâtardir pour ainsi dire l'homme, que de le mettre à la torture dès les premiers instants de son existence, sous le prétexte de le former.

L'auteur de ce factum fut un M. Bonnaud, qui n'est pas autrement connu. Un tailleur de corps de Lyon, nommé Reissier, prit la plume pour la défense du métier. Il s'en tira avec adresse. Sa thèse fut que, parmi les inconvénients reprochés au corps, il en était que les bons fabricants savaient éviter ; que d'autres résultaient de l'application maladroite des appareils ; et enfin que l'on mettait sur le compte des corps beaucoup d'effets dans lesquels ils n'étaient pour rien.

La controverse se prolongea pendant vingt ans encore, à l'avantage des lingères. Celles-ci avaient imaginé les *corsets de basin*, n'ayant qu'un busc pour armature, et c'est aux corsets de basin que recoururent pour leurs enfants les personnes qui se piquaient de philosophie. La concurrence fit sortir de la routine les tailleurs de corps. Ils commençaient à fournir des appareils plus flexibles, plus conformes aux lois de la raison, lorsque sonna l'heure fatale à toutes les choses de l'Ancien Régime. La tempête révolutionnaire emporta les corps et l'industrie qui consistait à les construire. ■

Mode/Costume

Devant la pression populaire, le corset devient plus souple

Vers la fin du dix-huitième siècle, le corset de bougran fut remplacé par une cotte de toile. « Le corset de nos dames, lit-on dans un article du *Dictionnaire des Origines*, publié à Paris en 1777, est un petit *corps* ordinairement de toile piquée et sans baleines, qu'elles attachent par devant avec des cordons ou des rubans, et qu'elles portent en déshabillé ». Sous le Directoire, on mettait un petit corset de basin, sans baleines, que nécessitait d'ailleurs le costume antique alors à la mode. Ce corset était dit *à la paresseuse*, et s'attachait par des rubans placés de distance en distance dans le dos. Il y eut aussi le corset *à poulies* et le corset *à combinaisons* que l'on pouvait serrer ou élargir à volonté.

Vers la fin du premier Empire, l'usage des corsets serrés et très hauts reparut, mais les corsets à buse ne revinrent à la mode que sous la Restauration. Ils furent de nouveau abandonnés vers 1820 et firent place au *corset moderne* qui se conforme encore très mal au contour du buste, mais ne l'emprisonne pas comme le faisait celui de Marie de Médicis. C'est aussi en 1820 que parut, à Paris, la première fabrique de corsets. En 1829, on inventa un système de laçage instantané et, en 1832, les corsets sans coutures. Quant aux corsets tissés, ils furent imaginés un peu plus tard par un Suisse du nom de Jean Werly, qui établit à Bar-le-Duc une manufacture très importante de ces nouveaux vêtements, lesquels étaient tissés de façon à pouvoir s'adapter exactement à la forme du buste. ∎

Dame à la mode de 1605. Recueil de Gaignières, tome X

D'APRÈS…
> *Le Magasin pittoresque* paru en 1898

Masques et chaperons de velours au temps des corsets de fer

Jérôme Lippomano, rapporteur de l'ambassade vénitienne, parle des ajustements de tête de la fin du XVIe siècle en ces termes : « La femme de condition porte sur la tête le chaperon de velours noir ou l'*escofion*, qui est une coiffe de réseau en rubans d'or ou de soie, souvent ornée de bijouterie. Elle a un masque sur le visage. Les bourgeoises ont le chaperon de drap, parce qu'il leur est défendu de se coiffer de soie, ainsi que de porter le masque. L'arrangement des cheveux est tout autre qu'en Italie. Elles se servent de cercles de fer et de tampons sur lesquels les cheveux sont tirés pour donner plus de largeur au front. La plupart ont les cheveux noirs, ce qui fait ressortir la pâleur de leurs joues, car la pâleur, à moins d'être maladive, est regardée en France comme un agrément. »

Le masque était de velours noir. Il avait remplacé le touret de nez. On le portait le jour pour se préserver du hâle, et la nuit pour tenir plaquées sur le visage des compositions propres à entretenir la fraîcheur du teint, ou plutôt à combattre les ravages du fard dont on se plâtrait. *Fard* voulait dire alors du blanc de céruse, et cela s'accorde parfaitement avec le goût de l'époque pour les teints mats. On voit cependant par la *Description de l'Isle des hermaphrodites* que la couleur des roses était préférée par quelques personnes à celle des lys. Celles-ci exposaient leur visage à des vapeurs mercurielles, dégagées au moyen d'un appareil qu'on appelait *sublimatoir*. Dans un cas comme dans l'autre, il était nécessaire de recourir aux eaux et pommades réfrigérantes. Si le besoin d'un semblable artifice se faisait sentir à quelqu'une de nos beautés, l'auteur de l'*Instruction pour les jeunes dames* recommande en 1573 la recette suivante : « Je prends premièrement des pigeons à qui j'ôte les pieds et les ailes, puis de la térébenthine de Venise, fleurs de lys, œufs frais, miel, une sorte de coquilles de mer appelées porcelaines, perles broyées et camphre. Je pile et incorpore toutes ces drogues ensemble et les mets cuire dans le corps des pigeons, lesquels je mets distiller en alambic de verre au bain-marie. Je mets au dedans du bec de l'alambic un petit tampon de linge où il y a un peu de musc et d'ambre gris, et j'attache le récipient avec du lut au col de la chape auquel distille l'eau, laquelle après je mets au frais, et devient fort bonne. »

Le chaperon était toujours muni de sa queue, « cette longue queue de velours plissé qui pend aux testes de nos femmes, » dit Montaigne dans un chapitre où il en signale le ridicule. Vers 1572 on mettait le chapeau par-dessus le chaperon. Les cercles de fer qui servaient à relever la chevelure au-dessus des tempes étaient les *arcelets*. D'autres arcelets plus élevés soutenaient la passe d'un certain bonnet très porté en ce temps-là, surtout par les dames qui affectaient de la sévérité dans leur mise. Il était désigné sous le nom d'*atifet*. C'est la coiffure avec laquelle ont été représentées le plus souvent Marie Stuart et Catherine de Médicis. Les veuves étaient condamnées à cacher leurs cheveux pendant deux ans. Durant tout ce temps elles ne sortaient que voilées, et leur voile était en cornette, très court sur les épaules, tandis que les deux bouts de devant descendaient jusque vers les pieds, comme les pans d'une écharpe. Elles avaient une robe montante, une *jupe* ou large camisole par-dessus, et une *barbe* ou collerette droite et fermée qui leur montait jusqu'à la bouche. L'ordonnance de 1561, qui eut la prétention de régler le luxe pour tous les états de la vie, autorisa les veuves à porter toutes les sortes de tissus de laine et de soie, pourvu qu'ils fussent *sans enrichissement*. On entendait par là les broderies et applications. ∎

D'APRÈS… *Histoire du costume en France depuis les temps les plus reculés jusqu'à la fin du XVIIIe siècle* paru en 1875

Inventions/Découvertes — XVᵉ XVIᵉ XVIIᵉ XVIIIᵉ

Ancêtres méconnus de la tristement célèbre GUILLOTINE

Des gravures du XVIᵉ siècle attestent du recours précoce à cet instrument de décapitation qui fera rage durant la Révolution française, abrégeant les douleurs du supplicié et exigeant le moins possible l'intervention de l'exécuteur. On aurait même expérimenté la guillotine dans sa forme la plus simple avant la conquête romaine. En outre, des écrits font mention de la première utilisation en Europe de cette « hache à trancher les têtes » le 13 mai 1507 à Gênes.

La gravure du seizième siècle dont nous publions la reproduction est une estampe rare et curieuse représentant une guillotine, ou plutôt un instrument de décapitation. Il existe par ailleurs une gravure d'Aldegrever, dans le *Manuel de l'Amateur d'estampes* de Ch. Le Blanc, sur laquelle on observe Titus Manlius, fils de Manlius Torquatus, agenouillé devant une machine garnie d'un couperet à tranchant convexe glissant dans des rainures, sous lequel sa tête est maintenue. Aldegrever Heinrich, peintre et graveur à l'eau-forte et au burin, élève d'Albert Durer, est né en 1502, à Paderborn. D'après ces deux gravures, du même siècle, il est à supposer que l'instrument avait été expérimenté.

On adapte l'instrument pour répondre aux « besoins » révolutionnaires

Dans un mémoire sur la guillotine, M. Dubois d'Amiens exprime l'opinion que cet instrument de supplice, dont l'invention a souvent été attribuée à tort au docteur Guillotin, aurait été imaginé par le chirurgien Louis. En 1791, le Code Pénal précisait que tout condamné aurait la tête tranchée. Il ne s'agissait plus, d'après le vœu de la loi et de l'humanité, que de trouver une machine propre à faire tomber la tête du patient promptement, sans douleur prolongée, en n'employant que le moins possible l'intervention de l'exécuteur. Mais avant les docteurs Guillotin et Louis, avant le mécanicien Schmidt, on s'était servi de machines à décapiter dans diverses contrées de l'Europe, et l'on faisait même honneur de la première aux anciens Perses. La guillotine ne fut donc pas une invention, mais un perfectionnement, et sa première utilisation sous cette appellation eut lieu le 17 avril 1792.

Cette même année, sur la demande de la commission de législation, le chirurgien Louis proposa l'adoption d'un appareil mécanique alors usité en Angleterre. Il est évident qu'il n'eut pas à *inventer* un appareil déjà en usage dans un pays voisin. Rien, dans la consultation insérée dans le *Moniteur* du 22 mars 1792, ne le fait supposer. En effet, après avoir établi que les instruments tranchants n'ont d'effet rapide et sûr que par une action oblique, Louis examine les difficultés de la décapitation par les moyens autrefois employés. « Il faut nécessairement, dit-il, pour l'exactitude du procédé, qu'il dépende de moyens mécaniques invariables dont on puisse également déterminer la force et l'effet. *C'est le parti qu'on a pris en Angleterre*. Le corps du criminel est couché sur le ventre, entre deux poteaux barrés par le haut par une traverse, d'où l'on fait tomber sur le col la hache convexe, au moyen d'une déclique. Le dos de l'instrument doit être assez fort et assez lourd pour agir efficacement, comme le mouton qui sert à enfoncer des pilotis. On sait que sa force augmente en raison de la hauteur d'où il tombe. *Il est aisé de faire construire une pareille machine, dont l'effet est inestimable...* »

La *mannaia*, ancêtre de la guillotine, en usage dès 1507

Bien avant la fin du XVIIIᵉ siècle, la décapitation était en usage. Ainsi, on décollait autrefois les nobles en Écosse au moyen d'un tranchoir, dit Robertson, arrêté dans un cadre et qui, glissant sur deux coulisses, tombait sur le col du patient. Dans son *Voyageur français*, l'abbé de La Porte parle avec quelques détails de cet instrument. Deux anciennes gravures allemandes offrent aussi une machine qui a dû donner l'idée de notre guillotine : l'une est de Pentz, l'autre de H. Aldegrever. Au commencement du seizième siècle, Lucas de Cranach, peintre et graveur en bois à Wittemberg, nous a laissé une gravure qui représente un supplice du temps et du pays.

L'Italie pourrait revendiquer l'invention de l'instrument qui a pour objet d'abréger les douleurs des suppliciés. Achille, en 1555, dans *Symbolicae questiones de universo*

La Guillotine au XVIᵉ siècle
Reproduction d'une estampe du temps

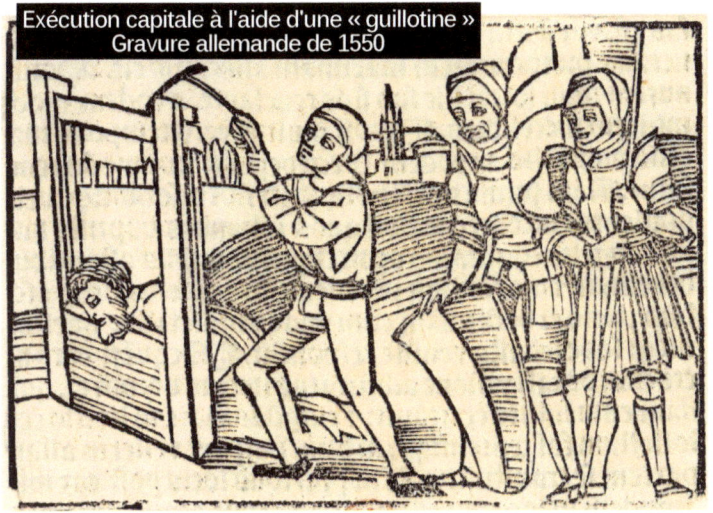

Exécution capitale à l'aide d'une « guillotine »
Gravure allemande de 1550

Inventions/Découvertes

La guillotine miniature : distraction à la mode

Au plus fort de la Révolution, la guillotine se déclinait en répliques miniatures : présents pour enfants ou exutoires pour aristocrates aspirant à la décollation de Danton ou de Robespierre...

Après la mise au point du modèle de guillotine inspiré par le docteur Louis et son expérimentation réalisée sur des cadavres le 17 avril 1792 à l'hôpital Bicêtre, la première exécution utilisant ce sinistre instrument eut lieu sur la place de Grève, le 25 avril suivant, sur Nicolas Jacques Pelletier, condamné le 24 janvier 1792 pour vol avec violence sur la voie publique. L'exécution réussit parfaitement, et dès lors fonctionna, pour l'exécution de la loi, la terrible machine, que le peuple appela d'abord du nom de *Louison* ou *Louisette*, par plaisanterie sur le nom du docteur Louis, puis ensuite *Guillotine*, du nom de son prétendu inventeur.

Bientôt, la mode s'empara de la guillotine ; elle en fit un objet de luxe et de caprice, une fantaisie élégante, un jouet, un passe-temps ; la machine du bon docteur Guillotin se reproduisit en bois, en ivoire. L'or, l'argent furent employés dans la fabrication de ces petits meubles, dont les riches ornaient leurs consoles et leurs étagères. Au Palais-Royal, devenu Palais-Égalité, on vendit des petites guillotines en acajou, destinées à être offertes en cadeaux. Plus d'un enfant en reçut à titre de jouet. Les révolutionnaires l'adoptèrent pour cachet, tandis que les aristocrates, cachés au fond de leurs hôtels déserts, après le 10 août, amusaient leur oisiveté ou trompaient leurs inquiétudes, en s'occupant, au sortir de table, à exécuter en effigie, avec de petites guillotines, des figurines baptisées du nom des plus célèbres révolutionnaires ; c'étaient Danton, Marat, Robespierre, Pétion et d'autres, qui venaient tour à tour *mettre la tête à la chatière, demander l'heure au vasistas*, faire *le saut de carpe*, et *éternuer dans le sac*, suivant la phraséologie de l'époque.

Cependant les spectateurs, ravis de joie, regardaient ces petites exécutions avec transport, et au moment où la tête séparée du corps tombait aux applaudissements des convives, on voyait tout à coup jaillir de la figurine, en guise de sang, une liqueur rose, que

genere, fit graver la figure d'une machine à décapiter. Tous ces instruments ne sont autre chose que la *mannaia* des Italiens, définie par les lexicographes : hache à trancher la tête. D'après le chroniqueur Jean d'Autun, c'est de cette *mannaia* que l'on fit usage à Gênes, le 13 mai 1507, pour le supplice du conspirateur Giustiniani.

En France même, une machine à décoller, quoique sans nul doute fort peu usitée, n'était pourtant pas chose tout à fait nouvelle. On lit dans les *Mémoires de Puységur*, édition de 1690, que le maréchal de Montmorency fut ainsi décapité à Toulouse en 1632 : « M. de Montmorency (...) s'en alla à son échafaud, sur lequel il entra par une fenêtre qu'on avait ouverte, qui conduisait au-dit échafaud, dressé dans la cour de la maison de ville, sur lequel était un bloc où on lui fit mettre la tête. En ce pays-là, on se sert d'une doloire, qui est entre deux morceaux de bois, et quand on a la tête posée sur le bloc, on lâche la corde, et cela descend, et sépare la tête du corps. Comme il eut mis la tête sur le bloc, la blessure qu'il avait reçue au col lui faisant mal, il remua et dit : « Je ne remue pas par appréhension, mais ma blessure me fait mal. » Le Père Arnoul était près de lui, qui ne l'abandonna point. On lâcha la corde de la doloire ; la tête fut séparée du corps. L'un tomba d'un côté, et l'autre de l'autre. » C'est toujours la *mannaia*.

On pourrait assurer que la décapitation à l'aide d'une machine était un supplice usité en France avant la conquête romaine. On a trouvé, en effet, en 1865, à Limé, dans le canton de Sains (Aisne), près de la route de Guise à Vervins, un volumineux couperet de silex, pesant environ une centaine de kilogrammes, et que les antiquaires ont reconnu être un tranche-tête gaulois, une *guillotine* de l'âge de pierre. On tenta, à l'aide de ce disque de silex, des expériences qui furent concluantes. En le faisant mouvoir sous forme de pendule suspendu à une longue tige, on opéra facilement le sectionnement des têtes de moutons. ■

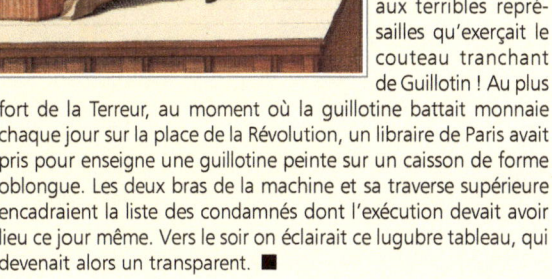

Représentation de la guillotine. Estampe de 1792

les dames recueillaient avec empressement sur leurs mouchoirs, et qui n'était autre chose qu'une eau parfumée d'ambre ou de rose. Combien de nobles gentilshommes, combien de pauvres femmes, en montant quelques années plus tard sur le véritable plancher de la guillotine, purent se rappeler ces innocentes vengeances, et les comparer aux terribles représailles qu'exerçait le couteau tranchant de Guillotin ! Au plus fort de la Terreur, au moment où la guillotine battait monnaie chaque jour sur la place de la Révolution, un libraire de Paris avait pris pour enseigne une guillotine peinte sur un caisson de forme oblongue. Les deux bras de la machine et sa traverse supérieure encadraient la liste des condamnés dont l'exécution devait avoir lieu ce jour même. Vers le soir on éclairait ce lugubre tableau, qui devenait alors un transparent. ■

D'APRÈS...
> *L'Illustration* paru en 1869
> *La guillotine et les exécuteurs des arrêts criminels* paru en 1903

D'APRÈS... *Histoire anecdotique des prisons de l'Europe* paru en 1845

Arts/Industries — XVIIIe

Les légendaires HUÎTRES d'Étretat d'autrefois : une gourmandise royale

Construit pour la reine Marie-Antoinette, le parc à huîtres d'Étretat, dont les réservoirs étaient taillés à même le roc en pleine mer, acquit rapidement une grande renommée, grâce à l'extrême qualité d'une production adulée des Parisiens. Si la loi révolutionnaire du maximum lui fut hélas fatale, sa réputation lui survécut des décennies entières.

Près de la fontaine, au pied de la falaise où sont taillées les portes et les aiguilles, se trouve le parc aux huîtres, fameux dans les annales de la gastronomie, écrit l'abbé Benoît Désiré Cochet en 1869. Il se compose de huit ou dix réservoirs taillés péniblement dans le roc, qui communiquent entre eux par les écluses. Ces parcs assèchent à toutes les marées, et l'eau dans laquelle vit le coquillage est ainsi renouvelée deux fois par jour.

Une huître qui participe de la renommée d'Étretat

Quelle différence entre ce réservoir et tous ceux de la côte ! Ici les huîtres vivent en pleine mer et presque sur la roche qui les a vues naître. Ailleurs elles sont parquées au sein des terres, dans une eau bourbeuse et croupissante, toute chargée de vase, et qui ne pénètre dans le réservoir qu'après avoir traversé des ports, des bassins ou des retenues pleines d'immondices. Aussi les huîtres d'Étretat ont-elles une fraîcheur que l'on chercherait vainement ailleurs.

L'abbé Dicquemare, qui avait étudié avec tant de soin les crustacés de nos côtes et tout spécialement ceux d'Étretat, ne balance pas de dire que nos huîtres sont supérieures à celles de Fécamp, du Havre, de Dieppe, de Courseulles et de Saint-Vaast-de-la-Hougue, qui parquent dans des réservoirs faits en terre, en maçonnerie ou en clayonnage. Le célèbre abbé, appelé par ses contemporains le *Confident de la Nature*, portait un intérêt tout particulier au parc d'Étretat qu'il avait vu « naître tout petit et grandir peu à peu, » comme il le dit lui-même. Après les aiguilles, les portes et les rochers que le premier de tous il a dessinés en 1780, l'objet spécial de son affection et de ses études était le parc aux huîtres qui lui rappelait sa ménagerie marine de la Hève. Aussi, dans le grand ouvrage qu'il préparait sur les mollusques, et qui devait paraître au frais du gouvernement, il lui avait consacré quelques pages et un dessin. Ce dessin fut même gravé sur cuivre, en 1786, par M. Sellier, artiste de Paris, que le roi Louis XVI avait mis à la disposition du naturaliste havrais.

Dix ans après l'abbé Dicquemare, un voyageur ichtyologue, Noël de La Morinière, également bon juge en matière de coquillages, faisait aussi l'éloge du parc d'Étretat, qu'il avait visité pour la composition de ses *Essais* sur le département de la Seine-Inférieure. « Étretat, dit-il, possède un fort beau parc aux huîtres, pratiqué dans le roc même. On les y apporte de la baie de Cancale et elles y acquièrent, en peu de temps, par le mélange des eaux douces qui s'échappent du milieu des cailloux du rivage et viennent se marier aux eaux salées de la mer, une qualité supérieure à celles des autres huîtres de la côte, même celles de Dieppe.

« C'est là où j'appris que l'huître verte, si recherchée, n'est point une variété de l'espèce, mais que cette couleur est communiquée à l'huître lorsqu'elle est déposée dans les parcs des côtes maritimes, à l'ouverture de la Manche, durant la saison où le soleil déploie toute la force de ses rayons. Une fermentation viridieuse s'établit, l'eau change de couleur, l'huître participe à cette mutation ; on pourrait dire même qu'elle éprouve en quelque sorte une maladie. L'huître verte grossit peu ; mais sa qualité l'emporte beaucoup sur celle de l'huître ordinaire, par la finesse de sa saveur. »

Les huîtres d'Étretat, préférées de la reine Marie-Antoinette

Nous savions bien que le parc d'Étretat avait été commencé en 1777, par une compagnie d'actionnaires, dont le marquis de Belvert était le chef et le directeur. On

Les rochers d'Étretat. Dessin de Camille Saglio

nous avait dit que l'intention des spéculateurs avait été l'approvisionnement de la capitale ; mais ce que nous ignorions, ce que nous avons appris, avec infiniment de plaisir de la bouche d'un des vieillards les plus vénérables de la Normandie (M. Lair, mort à Caen, le 2 janvier 1853, âgé de 84 ans), c'est que ce parc avait été creusé pour Marie-Antoinette, reine de France, qui préférait les huîtres d'Étretat. Nous ne connaissions pas aux monuments de notre patrie une origine aussi royale.

Les huîtres d'Etretat restèrent en faveur environ vingt ans. On les y apportait de la baie de Cancale, qui en

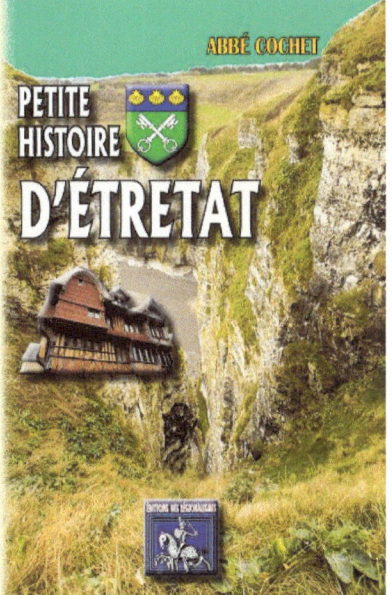

Les Cancalaises au retour des bateaux, tableau d'Eugène Feyer. Dessin de Sellier

fournissait alors 100 000 000 chaque année. Deux sloops, la *Syrène* et la *Cauchoise*, faisaient habituellement ce service. Lorsque le coquillage avait séjourné quelques mois dans ces rochers, qu'il y avait acquis une qualité supérieure par le mélange des eaux douces avec les eaux salées de la mer, des mareyeurs le transportaient à Paris sur des chevaux et dans des voitures. On conservait parfois ces huîtres fraîches pendant cinq semaines. Le bureau de vente était établi rue Montorgueil, en face de la rue Beaurepaire. Sur la porte cochère du n°112, on lisait : *Bureau des huîtres d'Étretat*. Dans une circulaire imprimée en 1784 et adressée aux meilleures maisons de Paris, le directeur promet *aux personnes qui l'honoreront de leur confiance de remplir exactement les commandes qui lui seront faites, aux heures et adresses qui lui seront données*. Dans l'ouvrage intitulé : *Les Anciennes Rues de Paris sous Napoléon III*, on lit que le traiteur Beauvais tenait, dans la rue Montorgueil, un cabaret au *Rocher d'Etretat*.

La crise économique de 1793 : couperet sur le commerce des huîtres

Nous avions longtemps pensé que le fameux hiver de 1789, qui avait fait périr cent millions d'huîtres sur les côtes de Normandie, avait causé l'abandon total du parc d'Étretat. Il en fit en effet mourir 300 000, au témoignage de l'abbé Dicquemare ; mais ce désastre ne suffit pas pour anéantir cette industrie naissante, puisque Noël trouva encore des huîtres à Étretat dans la visite qu'il fit à ce pays vers 1792. Nous croyons n'être pas démenti en affirmant que cette entreprise fut abandonnée à la désastreuse époque du *maximum* et des *assignats*. Il paraît bien toutefois que la renommée de notre parc survécut longtemps à son existence. M. Lair qui, en 1826, publiait à Caen un petit traité sur la *pêche, le parcage et le commerce des huîtres en France*, assure que le parc d'Étretat, dont il ne fait remonter l'établissement qu'à 1783, était encore un des plus renommés de son temps. « Il est abandonné depuis longtemps, ajoute-t-il, ce qui n'empêche pas qu'à Paris on ne vante encore les huîtres d'Étretat et que les gourmets ne croient tous les jours les savourer ».

Jusqu'en 1824 on n'a pas revu une seule huître dans

Petite histoire d'Étretat

Site grandiose non seulement pour les Étretatais et leurs visiteurs français et étrangers, mais aussi pour les peintres (Monet) et les écrivains – Maurice Leblanc y met face-à-face Arsène Lupin et la fameuse *Aiguille Creuse* – la belle cité du pays de Caux a pris à l'abbé Cochet, auteur de ce livre et lui-même enfant d'Étretat, quarante années de sa vie : quarante années passées à observer, à noter, à fouiller (le sol comme les archives), à exhumer, à lire et à comparer, pour pouvoir écrire cet ouvrage, petite somme historique et archéologique et *vade-mecum* touristique.

Chacun y trouvera sa nourriture : les antiquités, patiemment recensées, y fleurissent ; l'histoire de la ville, dans ses faits essentiels, y est retracée ; et les monuments les plus beaux y sont décrits, ainsi que l'architecture, naturelle et millénaire, de la pierre. Les chercheurs y trouveront des données étymologiques précieuses (les appellations *Eustretat* et *Estrutat* ou *Estructat* et *Estrutat*, utilisées au XIIIe siècle), des relevés de fouilles romaines, gallo-romaines et mérovingiennes (villa dans l'enceinte du presbytère, cimetière franc avec objets de bronze...), la description détaillée de l'église de Notre-Dame et son évolution historique, la période médiévale et la capitainerie de Charles-Nicolas de Grandval, les terribles inondations de 1806 et 1842, la pêche et les hommes de mer, les franches-nefs et les flottilles militaires...

Quant aux littéraires, friands d'études de mœurs, de récits bien troussés, voire de légendes, ils y goûteront les évocations d'Alphonse Karr, l'histoire de la bohémienne à Grainville-l'Alouette et celle du *Trou à Romain*. Et pour ce qui est des amateurs d'excursions, ils n'auront que l'embarras du choix dans les six derniers chapitres du livre, au long desquels l'auteur les entraîne à travers Étretat et ses formidables rivages : après un passage dans le *Trou à l'homme* dont ils sortiront, « le cœur soulagé », ils pourront admirer la porte d'Aval et la « majestueuse aiguille », la *Manneporte* et le *Petit-Port*, avant de grimper la *Valleuse* qui les conduira jusqu'aux vestiges du fort de Fréfossé, puis à la Chambre des demoiselles (d'où le point de vue est magnifique) ; ensuite, ils longeront la plage, ils graviront la côte du Mont en haut de laquelle se trouve la chapelle de Notre-Dame-de-la-Garde et ils contempleront enfin l'aiguille de Belval, « énorme monolithe de craie », près du banc de Sainte-Anne. Un vertige d'émotions et de beautés sauvages. ∎

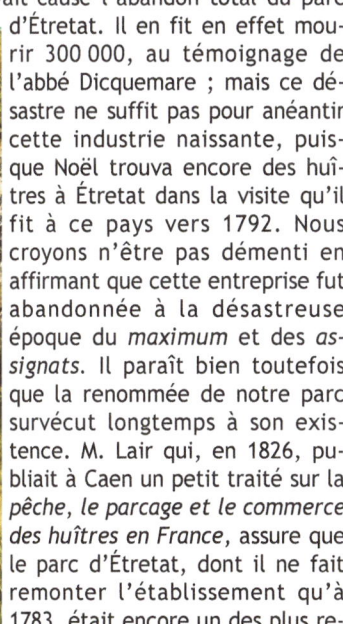

Réédition de « *Petite histoire d'Étretat* » par l'abbé Cochet, paru en 1869
> http://bit.ly/Histoire-Etretat

L'Écailler. Gravure sur bois du XVIe siècle
(*Cris de Paris* sous Charles IX)

le parc d'Étretat ; mais depuis cette époque, ce village ayant attiré une foule de touristes, de voyageurs, de peintres, de romanciers, de paysagistes, les hôteliers du lieu commencèrent à spéculer sur une richesse qui leur était offerte : ils se firent concéder son réservoir et ils l'exploitèrent avec succès. En 1847, une compagnie de spéculateurs s'est formée pour l'exploitation en grand de notre parc aux huîtres. Les premiers chargements ont été apportés au mois de janvier 1848 ; tous les journaux du département ont annoncé cette bonne nouvelle. Depuis ce temps l'exploitation a langui puis cessé. ■

D'APRÈS...
> *Étretat. Son passé. Son présent. Son avenir* paru en 1869

À la barque ! à la barque !

Les marchands de marée n'avaient pas un gagne-pain fort lucratif. A part le maquereau ou le hareng qu'on achetait à la pièce, tout le reste se vendait par lots souvent bien avariés par une longue route, et qui restaient pour compte au marchand. Celui-ci achetait sa fourniture aux halles et ne pouvait sous aucun prétexte arrêter les charretées avant leur arrivée au marché à peine de la perte de son acquisition. La distribution du poisson de mer se faisait par une vingtaine de crieurs qui recevaient un denier du millier vendu, jusqu'à concurrence de trois charretées par jour.

Les femmes étaient aussi de la corporation, et l'une d'elles, dessinée par Brebiette en 1640, nous montre que le cri du seizième siècle était encore d'usage. On psalmodie dans les rues ou bien on chante à tue-tête comme sous Charles IX : *Des huistres à l'escaille !* La revenderesse a, elle aussi, un panier plein de coquillages, et elle tient un couteau de la main gauche avec lequel elle les ouvrira pour les pratiques. Le nom de poissardes leur fut donné. Au XVIIe siècle leur nombre avait augmenté dans de telles proportions qu'on les tenait pour une puissance ; la naïveté et la crudité de leurs mots leur avait créé une renommée européenne. L'une d'elles avait répondu à un prince borgne qui lui demandait en gouaillant la différence entre un merlan et une huître, que l'huître n'avait qu'un œil, et le merlan deux. Leur faveur grandit à ce point de les faire admettre à la cour au 1er janvier.

Mangez de l'huître fraîche et bonne !

Sous Louis XV, elles avaient accaparé le métier. Au costume près, l'écaillère était la même que sous Charles IX, et probablement que sous Charles VII. Bouchardon, le sculpteur, a gravé quelques figures des petits métiers de son temps ; or, sa marchande crie, elle aussi, son « huistre à l'escaille » à travers les rues, ajoutant au sempiternel *À la barque ! à la barque !* le cri *Mangez de l'huître fraîche et bonne !* Elle a également sur le dos une hotte et un petit panier au bras.

Nous retrouvons le *A la barque !* du XIXe siècle dans la collection des *Cris de Paris*, publiée par Poisson en 1774, et dédiée au bibliothécaire du roi, M. Bignon. La petite revendeuse a sur son dos une hottée de coquilles, et la légende de la gravure est précisément cet « A la barque ! à la barque ! », qui s'explique par le bateau chargé de marée remontant autrefois la Seine de Rouen à Paris, et où venaient se fournir les marchands. La fin du XVIIIe siècle vit s'accroître le prestige des écaillères. Un éditeur nommé le Campion publiait, en 1786, une ravissante petite Parisienne établie en plein air et offrant ses huîtres à tous venants. Déjà on ne parcourt plus les rues en chantant sa marchandise. Sous l'Empire, la mode de placer un paillasson à la porte des débitants de vin, pour indiquer la vente des huîtres, est devenue courante. Les écaillères se tenaient alors à des places attitrées, où on les venait chercher, comme les marchands de marrons, ou les cuiseurs de pommes de terre. Seulement, celles-là c'étaient les importantes de la corporation, les arrivées. Carle Vernet nous montre, sous la Restauration , l'écaillère ambulante, la vagabonde chargée de sa hotte, portant des bourriches couvertes de paille, et criant à se rompre : « À la barque ! à la barque ! à la barque ! voilà l'écaillère ! » ■

D'APRÈS... ***Le Magasin pittoresque*** paru en 1886

De la Renaissance à la Restauration, le célèbre et invariable cri des marchands d'huîtres a traversé le temps, s'expliquant par le bateau chargé de marée remontant autrefois la Seine de Rouen à Paris, et où venaient se fournir les marchands.

En France, le goût des huîtres fut toujours populaire, même au temps où les moyens de communications étaient des plus sommaires. La marée arrivait à Paris dans de longs chariots, aux hasards des chemins, ou dans des bateaux, et très lentement. A peine débarquée dans les marchés, les revendeurs ou revenderesses s'en emparaient, et couraient les rues à la recherche d'un gain minime. Les harengs, les saumons, les morues, les huîtres, se colportaient ainsi dans des paniers, dans des hottes, mais non point encore sur des charrettes, à cause des rues étroites et des difficultés de circulation.

Ouistre à l'escaille !

Un cahier de *Cris de Paris* publiés au temps de Charles IX, nous offre une représentation d'un marchand d'huîtres affublé d'un chapeau à plume fort semblable à celui de nos jours. Il a sa provision d'huîtres, « d'ouistres » pour employer son expression, dans une hotte en bois. Il en a mis quelques-unes dans un panier et les offre aux pratiques. Il crie chemin faisant sur le rythme encore entendu de notre temps : « Ouistre à l'escaille ! » comme d'autres offrent aujourd'hui le hareng qui glace, ou la moule au caillou. *Huître à l'escaille ! écailler !* Si le cri a disparu, le substantif qui en dérive est encore appliqué couramment aux marchands de coquillages. Cette vente s'était démocratisée. Notre homme ne courait pas les rues à la recherche des seigneurs. Il vendait aux petites et aux grosses bourses.

Au temps d'Abraham Bosse, qui nous a aussi gardé la physionomie d'un écailler, le marchand d'huîtres nous mettait dans la confidence de ses petits tracas de métier. Il fallait se battre pour être servi au bateau. Aussi ne faut-il pas s'étonner s'il vend sa marchandise un peu cher :

Je suis très asseuré que l'on ne sçauroit voir,
Ny manger de longtemp de meilleures escailles
Elles me coustent bon, puisque pour les avoir
Sur le bord du bateau j'ay donné des batailles.

L'« huîtrier » de Bosse a l'air d'un vrai bandit ; il porte, lui aussi, un chapeau à aigrette, un feutre relevé, avec plumes tapageuses. Son couteau à ouvrir les huîtres ne l'aidait-il pas quelque peu dans ses combats au bateau ?

La France pittoresque XIVe >>> XVIIIe Institutions

Répression de la MENDICITÉ : succession de cinglants échecs

Les mesures adoptées par l'Etat en matière de lutte contre la mendicité sont une suite d'alternances entre singulier relâchement et répression outrancière. Si un édit contre « hommes et femmes demeurant oiseux » voit le jour en 1350, c'est à l'aube de la Renaissance que fleurissent nombre d'initiatives gouvernementales coercitives visant à protéger une société en plein épanouissement.

Ce n'était point un spectacle banal que celui que présentaient les routes de France au début du XIVe siècle. En dépit du mauvais état de ces chemins royaux, publics ou de traverse, en dépit des nombreux péages, on y rencontrait incessamment une foule grouillante et bigarrée.

Aucune mesure répressive à l'égard des mendiants au début du XIVe siècle

Y circulaient de puissants seigneurs, barons ou évêques accompagnés d'une escorte de gens armés ; des marchands conduisant leurs denrées aux foires ; des pèlerins, ménestrels, barbiers, guérisseurs ambulants ; mais aussi des criminels échappés à la potence, serfs en rupture de ban... Tout ce monde colportait les nouvelles, dénonçait les abus et les violences, répandait les idées de réforme et de changement. Dans ce personnel mêlé, on peut bien supposer que les pauvres n'étaient pas rares, les mendiants encore moins. Ils n'excitaient toutefois ni étonnement, ni répulsion. L'Église prêchait l'aumône aux riches et admettait comme conséquence que les pauvres ont le droit de la solliciter.

Cette situation se modifia profondément quand sévit d'une manière permanente la guerre, bientôt suivie par la famine et la peste, ses fidèles compagnes. Si la paix survenait, c'était un autre fléau. Les soldats licenciés ne se soucient pas de se remettre au travail. Ils forment ces bandes de brabançons, écorcheurs, routiers, malandrins, dont les historiens nous énumèrent à chaque page les méfaits et qu'on tenta vainement, à plusieurs reprises, de détourner sur l'étranger. Aussi les rois et leurs conseillers se préoccupaient-ils, aussitôt la paix rétablie, d'assurer l'ordre par une série de mesures coercitives. Déjà Charlemagne et saint Louis, en recommandant d'exercer l'hospitalité envers les passants, prescrivent de prendre des précautions contre les mendiants.

En pleine guerre de Cent Ans, le 27 février 1350, Jean le Bon avait rendu une ordonnance souvent citée comme le point de départ de la législation contre les vagabonds. Elle

Un mendiant. Dessin d'après une peinture de Ribera

concerne la police des pauvres mendiants dans la ville, prévosté et vicomté de Paris, et prescrit « qu'aucunes personnes, hommes et femmes, sains de leurs corps et membres, soient et demeurent oiseux en tavernes et autre part, ou que ils vident la ville dedans trois jours. Faute par eux d'obtempérer à cet ordre, ils seront mis en prison au pain et à l'eau ; puis, en cas de récidive, mis au pilori, et, à la tierce fois, signés au front d'un fer chaud, puis bannis ».

Une politique répressive est mise en place au XVIe siècle

Toutefois, ce n'est guère qu'à partir de François Ier que nous voyons nos rois entreprendre contre les mendiants et vagabonds une lutte systématique et raisonnée qui se poursuivra, sous des formes diverses, jusqu'à la fin de l'ancienne monarchie. Les villes attirèrent tout d'abord l'attention du pouvoir. Les pauvres y affluaient, par suite de l'extrême misère des campagnes ; ne trouvant aucune occupation, ils étaient réduits à mendier pour vivre. Une ordonnance du Parlement du 22 avril 1532 prescrivit que « toutes person-

Institutions

nes qui peuvent besongner, tant hommes que femmes, et qui vivent oysivement ou mandient et cayemandent par ceste dite ville, seront employez pour curer et nettoyer les fosses, rues et esgouts, et besongner aux rampars et autres œuvres publiques nécessaires à faire pour le bien, profit et utilité de ladite ville » et « enjoint au bailly..., icelle huitaine passée, faire prendre toutes personnes des qualités susdites, iceux constituer prisonniers, et procéder contr'eux respectivement jusques à sentence diffinitive et de torture... bailler aux bourgeois conseillers de ladite ville lesdits maraux, oisifs, vagabonds valides mendiant, pour être enchaînez et enferrez deux à deux pour bésongner aux œuvres publiques. » Henri II complète et coordonne ce système, imposant que l'entretien des pauvres invalides soit à la charge de chaque paroisse et que les infirmes sans domicile soient recueillis dans les hôpitaux. En même temps, défense était faite aux habitants de distribuer l'aumône aux portes. Enfin, la déclaration du 13 février 1551 portant règlement pour la nourriture des pauvres de la ville de Paris, établit une taxe des pauvres levée sur tous les habitants de la ville, dans le but d'assurer le paiement des dépenses ; des principes étendus à tout le royaume par l'ordonnance de Moulins en février 1566.

Au moyen de ces rigueurs, maintes fois renouvelées, pendaison, fouet, travaux forcés dans le genre de ceux des galères, on parvint à purger la ville des mendiants qui l'avaient envahie, avantage très sérieux pour les bourgeois, mais qu'eut à payer la population des campagnes environnantes, où la police ne pouvait être que fort imparfaite. Les magistrats, dans les diverses juridictions, continuèrent à prononcer comme peine le bannissement, infestant d'individus réputés dangereux les villes et les provinces éloignées. Ces dispositions ne tardèrent pas à devenir inefficaces. Dès que la guerre civile commença,

la police se relâcha, les mendiants reprirent leurs anciennes habitudes. Bien plus, ils s'organisent, élisent un roi auquel ils obéissent et, nous dit Sauval dans son *Histoire et recherche des antiquités de la ville de Paris*, constituent au cœur de Paris une ville à eux où la police ne peut pénétrer.

On imagina alors de recourir à d'autres mesures, et le mandement royal du 27 août 1612 créa à Paris l'« Hôpital des pauvres infirmes ». A l'époque de la Fronde, 45 000 pauvres vaguaient par les rues de Paris. La générosité privée, stimulée et dirigée par l'initiative de saint Vincent de Paul, accomplit alors des merveilles pour apporter un remède à tant de misères. En quelques années, on vit surgir les œuvres les plus diverses, avec des dotations appropriées aux besoins reconnus. On ouvrit des refuges ainsi que de petites écoles, et on forma d'innombrables maîtresses gratuites. L'édit du 1er mai 1656 fixa la mise en vigueur de ces dispositions. Ses prescriptions furent annoncées au prône des paroisses et publiées à son de trompe dans tous les carrefours. L'effet en parut immédiat ; quatre ou cinq mille pauvres vinrent d'eux-mêmes, en l'espace de huit jours, se constituer dans ces divers établissements ; les autres quittèrent Paris ou cessèrent de mendier.

Le manque de moyens humains et financiers mène à l'échec

L'organisation sembla tellement satisfaisante qu'un nouvel édit du 14 juin 1662 l'étendit à toute la France et décida que chaque ville ou gros bourg du royaume serait tenu d'avoir un Hôpital Général. La dénonciation était prescrite aux particuliers, en même temps qu'on leur interdisait strictement tous actes de charité autres que ceux qui rentraient dans le programme de la bienfaisance officielle et avaient directement pour objet l'Hôpital Général. Mais cette fois encore, on s'était mis en campagne sans s'être assuré les ressources indispensables à une œuvre si difficile. Pas de personnel, pas de locaux, et surtout pas d'argent, et il en eût fallu beaucoup pour nourrir une légion de mendiants et pour entreprendre les travaux auxquels il était nécessaire de les employer. Repoussés de la ville, les pauvres, suivant leur coutume, reprirent la route de la campagne, et retombèrent à la charge des paysans. On n'avait pas guéri le mal : on n'avait fait que le déplacer. Quelques années s'étaient à peine écoulées, que, rassurés par l'impuissance de l'administration, les mendiants reparaissaient en nombre et devenaient un sujet d'inquiétude pour nos échevins.

La Déclaration du 18 juillet 1724 est un aveu formel de l'échec subi par l'Etat dans sa lutte contre la mendicité et l'exposé d'un système, largement et habilement conçu, de mesures à prendre pour venir à bout du fléau. Le Conseil du roi lui fait dire à cette occasion : « Pour arrêter les progrès d'un si grand mal, auquel on a voulu remédier dans tous les temps, mais sans succès jusqu'à présent, nous avons fait examiner en notre Conseil les différents règlements et nous avons reconnu que ce qui avoit pu empêcher le succès d'un grand nombre de règlements ci-devant faits à ce sujet, est que l'exécution n'en avoit pas été générale dans tout le royaume, et que les mendiants, chassés des principales villes, ayant eu la faculté de se retirer ailleurs, ils auroient continué dans le même libertinage, ce qui les auroit mis à portée de revenir bientôt dans les lieux mêmes d'où ils avoient été chassés ; que l'on n'avoit point offert de travail et de retraite aux mendiants valides qui ne pouvoient en trouver, ce qui leur avoit fourni un prétexte de transgresser la loi, par l'impossibilité où ils avoient prétendu être de l'exécuter faute de subsistance, et qu'enfin les peines prononcées n'étant pas sévères, ni aucun ordre établi pour reconnaître ceux qui avoient été arrêtés plusieurs fois et les punir plus sévèrement pour la récidive, la trop grande facilité de se soustraire à la disposition de la loi, et le peu de danger d'être convaincu, à cause de la légèreté de la peine, en auroit fait totalement négliger les dispositions ».

Mais le gouvernement ne dota pas les hôpitaux au point de leur permettre de satisfaire aux prescriptions de la loi ; les prisons restèrent ce qu'elles étaient, étroites, malsaines, et en même temps peu sûres, et, à part les routes dont on commençait à s'occuper, il n'y avait guère de travaux publics auxquels on pût employer les indigents. On cessa bientôt de craindre cette Déclaration de 1724 quand on eut compris qu'elle était inapplicable, et la

Taxe pour aider les pauvres instituée au XVIe siècle

En 1566, une série de dispositions émanées des parlements, de la couronne et des municipalités elles-mêmes, donnèrent aux échevins des villes, aux marguilliers des paroisses, ou à des établissements spéciaux créés sous le nom de *bureaux des pauvres*, le droit de lever sur tous les habitants une taxe d'aumône.

L'article 73 de l'ordonnance de Moulins stipulait que « les pauvres de chacune ville, bourg ou village seront nourris et entretenus par ceux de la ville, bourg ou village dont ils sont natifs et habitants, sans qu'ils puissent vaguer et demander l'aumône ailleurs qu'au lieu où ils sont. Et à ces fins les habitants seront tenus à contribuer à la nourriture desdits pauvres selon leurs facultés à la diligence des maires, échevins, consuls et marguilliers des paroisses ». Elle resta en vigueur jusqu'à la Révolution, des ordonnances spéciales en confirmant ou en modifiant les conditions d'exécution. La taxe des pauvres répondait si bien aux idées comme aux besoins du XVIe siècle que souvent les municipalités n'attendirent pas les injonctions des édits. Il en fut ainsi notamment à Abbeville : composé de membres ne pouvant décliner les fonctions qui leur étaient assignées, le *bureau des pauvres* eut pour mission de nourrir les pauvres invalides et de donner du travail aux autres dans des ateliers de charité. Pour lui créer des ressources, on lui attribua certains biens de l'ancienne *aumône* ; on lui assigna un prélèvement sur l'octroi ou sur d'autres revenus municipaux ; on fit appel aux dons volontaires ; enfin on lui conféra le droit d'imposer d'office les habitants d'après leur aisance présumée. *Le rôle général* dressé par le bureau des pauvres pour l'année 1588 comprend ainsi 1734 imposés dont il indique le nom, la demeure et la cotisation. La taxe était hebdomadaire, comme la distribution des secours ; tel était d'ailleurs l'usage général à cette époque. La cote la plus élevée pour les simples particuliers était de douze sous ; la plus faible de trois parisis. La première n'était imposée qu'à cinq bourgeois ; elle représentait le prix de trois journées d'ouvriers des champs à cette époque. Les corps moraux, tels que le prieuré, la commanderie, l'hôpital et la collégiale payaient des taxes proportionnées à leurs richesses.

Dans le même temps, une ordonnance de police municipale prescrivit « à toute personne, de quelque âge, qualité et condition qu'elle pût être, réfugiée à Abbeville et n'y ayant aucun moyen de gagner sa vie, sinon avec mendicité, oisiveté, *bellisterie* et *invaliderie*, d'avoir à partir dans les trois jours sous peine du fouet. » Les gardiens des portes reçurent en outre l'ordre, sous peine d'être eux-mêmes frappés d'amende arbitraire, de refuser l'entrée de la ville à quiconque ne justifierait pas de moyens d'existence. Une exception pourtant fut faite, par humanité, en faveur de ceux qui ne pourraient aller commodément par une autre route à leur destination, et qui promettraient de ne pas séjourner à Abbeville plus d'une nuit. Pour constater leur qualité, il fut prescrit aux pauvres de la ville de porter cousue sur leur manche une marque officielle. Ils ne devaient recevoir d'aumône que du bureau. Il fut interdit aux bourgeois, sous peine d'un écu d'amende, de secourir directement les indigents. Là encore, pourtant, une exception dut être faite : quand on pouvait justifier qu'on était parent d'un indigent, on avait la permission de le nourrir et de le loger, même s'il n'était pas originaire de la ville ; seulement il fallait s'engager à ne pas diminuer ses aumônes aux pauvres de la commune. Beaucoup de contribuables se refusaient à payer leur cotisation. Le *rôle* comprenait toutes les familles présumées non indigentes, en sorte que les habitants étaient divisées en deux catégories tranchées : les imposés et les secourus ; quand on sortait de l'une, c'était pour entrer dans l'autre. Plus d'une fois il arriva que l'on fut forcé de secourir des malheureux que l'on avait commencé par poursuivre et exécuter pour le paiement de leur taxe. Cette dernière avait par ailleurs tari la source des aumônes volontaires.

En 1586, quelques années à peine après l'établissement de ce régime, une famine sévit sur la contrée. Une douloureuse misère s'ensuivit. Le régime qui venait d'être établi montra son inefficacité : les pauvres affluèrent dans la ville, où des distributions de pain se faisaient par les soins de la municipalité. Ils forçaient les maisons des bourgeois, menaçaient du pillage, et, après la levée d'une taxe supplémentaire, ils prétendirent exiger que chaque habitant prît dans sa maison un ou plusieurs pauvres à sa charge. A Paris, les commissaires chargés de la percevoir étaient si mal reçus, quelquefois si maltraités, que souvent ils refusaient leur office, et qu'il fallut à certaines époques les menacer de fortes amendes pour les décider à l'accomplir. ■

La mendiante à la sébille, par Jacques Callot (1622)

D'APRÈS... Revue des études historiques paru en 1889

Institutions

mendicité qu'on s'était flatté d'empêcher ne tarda pas à reparaître dans toute son horreur.

Retour de la répression et corruption de la maréchaussée

En 1741, on en revint aux mesures de rigueur, et l'on compta pour atteindre le but désiré sur l'action combinée des hôpitaux, où l'on renfermerait les mendiants, et des cavaliers de la maréchaussée, dont on prit soin d'exciter le zèle par l'appât des gratifications. Les brigades de la maréchaussée furent invitées à arrêter, chacune dans son district, les mendiants, vagabonds, gens sans aveu, coureurs de nuit ; à les conduire dans les hôpitaux, si c'étaient de simples mendiants et gens sans aveu, qui n'avaient commis aucun désordre ni violence ; à les mener à la prison royale la plus proche, si on les trouvait avec des armes et demandant l'aumône avec insolence, ou s'ils étaient convaincus ou même soupçonnés d'avoir menacé et fait quelque désordre. S'il paraissait y avoir matière à une instruction criminelle contre quelques individus de cette seconde catégorie, le grand prévôt ou les lieutenants de la maréchaussée étaient invités à ne point perdre de temps pour procéder à des informations régulières et à un jugement prévôtal, s'il y avait lieu. Pour les maréchaussées, ces instructions ne furent point lettre morte ; et, en peu de temps, les prisons et les hôpitaux furent remplis.

Les prisons n'ayant point été faites pour le châtiment, mais pour la détention des prévenus, ne pouvaient contenir la multitude de prisonniers qu'on y entassait. Quant aux hôpitaux, on prétendait leur imposer une charge écrasante, et on ne leur donnait rien, laissant à leur compte des frais de construction et d'aménagement indispensables. L'administration avait réclamé des hôpitaux des sacrifices hors de proportion avec les ressources dont ils disposaient. Le vagabondage reprit donc de plus belle. En 1764 on résolut enfin d'attaquer le mal dans sa source, en créant les *dépôts de mendicité*. Une compétence particulière était attribuée aux officiers de la maréchaussée et on reprit avec plus de rigueur que jamais l'exécution des mesures prescrites contre les mendiants. Bourdier de Beauregard, de l'Académie de Pau, accuse violemment l'administration à cet égard : « Souvent la rigueur s'est étendue sur des innocents, sur d'infortunés voyageurs, dont tout le crime étoit de manquer de ressources. Ces malheureux ont été plus d'une fois la proie de ces âmes voraces pour qui ces indignes captures étaient une source intarissable de gain ».

Signalons le témoignage de M. de Dun d'Ireville, subdélégué d'Evreux : « L'exécution de l'ordonnance contre la mendicité présente une rigueur effrayante. Pour prendre un état, il faut des moyens ou la ressource des travaux publics. Bien des pays ne présentent ni les uns ni les autres. Que deviendront des malheureux épuisés de travail, accablés sous le poids des années, ou élevés dans la fainéantise, et comment les forcer à se renfermer chez eux pour y mourir de faim ! (...) Par l'ordonnance de 1778, les cavaliers de la maréchaussée doivent arrêter non seulement les mendiants et les vagabonds qu'ils rencontrent, mais encore ceux qu'on leur dénonce comme tels ou comme personnes suspectes. Le citoyen le plus irréprochable dans sa conduite et le moins suspect de vagabondage ne peut donc se promettre de ne pas être enfermé au dépôt, puisque sa liberté est à la merci d'un cavalier de la maréchaussée, constamment susceptible d'être trompé par une fausse dénonciation ou corrompu à prix d'argent. »

Le mendiant à la jambe de bois, par Jacques Callot (1622)

Partout on donnait la chasse aux mendiants ; de profession d'abord, et ensuite à ceux qui n'avaient pas de métier ou de profession, c'est-à-dire aux suspects. Partout les maréchaussées avaient été mises en action, et leur zèle était stimulé au moyen de la promesse d'une gratification de trois livres par capture pour chaque brigade, à condition toutefois que la personne arrêtée fût dans le cas d'être envoyée au dépôt. Saisis par les cavaliers, les vagabonds pouvaient être l'objet d'un jugement prévôtal ; mais, contre eux, une ordonnance prévôtale suffisait. Il semble même, qu'en certains temps, l'ordonnance ait été préférée comme formalité plus sommaire et qui entraînait moins de frais.

Louis XVI tenta à son tour d'endiguer ce fléau, et on dénombrait trente dépôts contenant 7 000 mendiants au moment de la Révolution. Dans le même temps, l'Hôpital Général de Paris nourrissait 12 000 personnes dans ses huit maisons. Au moment de la convocation des Etats généraux, la question fut plus pressante que jamais, et la répression de la mendicité par une meilleure organisation des secours fut un des premiers soucis de l'Assemblée nationale. ∎

D'APRÈS...
> *Mendiants et vagabonds* paru en 1902
> *Recherches sur la répression de la mendicité à Rouen* paru en 1887

LA FRANCE PITTORESQUE

Événements

Affaire du canal de PANAMA : scandale politico-financier du XIXᵉ siècle

Fort de son succès dans le canal de Suez, Ferdinand de Lesseps se laisse convaincre d'entreprendre la construction du canal de Panama. Mais rapidement, la Compagnie créée en 1880 ayant en charge cette tâche titanesque, rencontre des difficultés techniques : elle se voit contrainte de lancer un premier emprunt, lequel nécessite le vote d'une loi. Le suffrage d'une partie des parlementaires et l'appui de certains journaux sont obtenus par la corruption. En septembre 1892, le scandale éclate par voie de presse, le gouvernement n'ayant pourtant pas ménagé ses efforts pour l'étouffer. L'affaire ébranle le monde parlementaire...

Les feuilles du jour semblaient relater des faits terriblement dramatiques, à en croire les papiers. Des en-têtes réclames, imprimés en caractères gras comme boue et noirs comme suie, hurlaient ces menaces mystérieuses : « nouvelles révélations sur le Panama. Demandes de poursuites contre plusieurs députés. Séance sensationnelle. »

L'opinion publique s'enflamme tandis que la foule reste de glace

Sous ces titres alléchants, les rédacteurs s'efforçaient de communiquer au public le frisson de fièvre qui secouait leur prose. On y sentait vibrer l'émotion convenable aux interprètes d'un grand peuple, quand ils racontent une journée mémorable de son histoire, une des batailles épiques où ce peuple engagea sa fortune et son honneur. Un des nombreux aigrefins qui avaient canalisé l'épargne nationale venait d'être arrêté à l'étranger, extradé, interrogé par un de ces juges d'instruction dont les noms fameux sonnent sans cesse à nos oreilles, comme sonnaient à celles de nos pères les noms des grands capitaines, des grands hommes d'état. L'inculpé avait fait des révélations, disaient les informateurs judiciaires ; on avait saisi des carnets, déchiffré des hiéroglyphes, identifié des noms ; et le garde des sceaux devait déposer, à la séance du jour, une demande en autorisation de poursuites contre un certain nombre de parlementaires.

L'opinion publique était profondément émue et attendait, anxieuse, les résultats d'une journée qui aurait des conséquences incalculables. Dans la ville pourtant, une foule tranquille, indifférente. Les gens allaient à leurs affaires, les boutiquiers vendaient dans leurs boutiques ; deux minutes après le coup d'œil d'habitude jeté sur le journal, personne ne pensait plus au fait divers de la politique ; ceux-là seuls s'en préoccupaient qui vivaient de cette industrie, journalistes et députés.

Stupeur et crainte dans les rangs de l'Assemblée

Peu de monde aux abords du Palais-Bourbon, peu d'animation dans les groupes, camelots, flâneurs, curieux qui faisaient queue à la grille, en quête d'une carte d'entrée. Sur les visages et dans les propos, le désintéressement d'amateurs blasés. A l'Assemblée, l'habituelle physionomie des couloirs était bouleversée. Une attente tragique glaçait l'atmosphère. Les plus loquaces parlaient à mi-voix ; beaucoup se taisaient, dans un recueillement inquiet. Des mains qu'on serrait étaient froides. Certains regards fuyaient ; les autres convergeaient, avec des expressions de terreur ou de curiosité féroce, vers quelques figures altérées.

Les « nouveaux », les deux cents députés étrangers aux précédentes législatures, qui n'avaient jamais émis de votes sur le Panama, s'aggloméraient à part, instinctivement. Ils affectaient les mines pudiques et scandalisées de jeunes vierges égarées dans un mauvais lieu. Leur réserve hautaine semblait dire aux anciens : « Vous en êtes tous, nous n'en sommes pas. » Les anciens se réunissaient pour chuchoter des noms, pour interroger les oracles, gros de secrets qu'ils ne disaient pas. On n'entendait dans les groupes que ces mots : « chéquards... exécution... nouvelle fournée... autre charrette... appel des

Événements

condamnés... ».

La sonnerie électrique vibra, appelant les députés en séance. Elle retentit dans plus d'un cœur comme le déclic du couperet. En un clin d'œil, chacun fut à son banc. Durant quelques minutes, un silence de mort pesa sur l'assemblée : les condamnés allaient être choisis au milieu de ses rangs ; lui, mon voisin... moi, peut-être... des visages suaient l'épouvante ; d'autres brûlaient d'une fièvre de curiosité ; l'émotion comprimait tous les souffles, jusque dans les tribunes, où les yeux féminins brillaient de la cruelle volupté qu'ils attendaient du supplice. Le garde des sceaux monta à la tribune, déposa trois demandes en autorisation de poursuites. A peine eut-il parlé, la détente se fit soudaine : les respirations s'échappèrent bruyamment des poitrines, les fronts se redressèrent. Aux soupirs discrets de soulagement, sur certains bancs, répondait sur beaucoup d'autres un grondement désappointé. Trois boucs émissaires, seulement, des moins dangereux, de ceux qui ne portaient ombrage à personne ! Leurs peccadilles, si peccadilles il y avait, apparaissaient insignifiantes, excusables à tous égards.

Ferdinand de Lesseps

L'affaire du canal de Panama : quelques points de repère

— **1878** : le gouvernement colombien octroie une concession à la France, dans l'isthme de Panama, pour la réalisation d'un canal interocéanique permettant de relier l'océan Atlantique à l'océan Pacifique.

— **1880** : la Compagnie Universelle du Canal Interocéanique de Panama est confiée à Ferdinand de Lesseps, illustre créateur du canal de Suez. Un premier emprunt est lancé : tous les demandeurs ne peuvent être satisfaits.

— **1881** : les travaux débutent, mais d'importants obstacles techniques annoncent un surcoût considérable. Bien que le canal à écluses apparaisse comme la solution indiquée, de Lesseps continue de privilégier le canal à niveau, compromettant le projet. Sept emprunts seront lancés jusqu'en 1888, l'intérêt du public ne cessant de décroître à mesure que le doute enfle.

— **1887** : la Compagnie décide le lancement d'un emprunt à lots – loterie récompensant certains épargnants – dont la mise en œuvre est confiée à de grands financiers tels que Cornélius Hertz ou le baron Jacques de Reinach. Le vote de la loi autorisant cet emprunt est obtenu à grand renfort de corruption de parlementaires et de journalistes.

— **Mai 1889** : la Compagnie est mise en liquidation et dissoute. 800 000 petits porteurs sont ruinés. Les noms des parlementaires ayant touché de l'argent sous la forme de chèques (ils seront appelés les « chèquards » ou les « panamistes ») sont tenus secrets.

— **Septembre 1892** : le scandale est rendu public par le journal *La Libre Parole* : sur un milliard quatre cents millions collectés par la souscription, la moitié seulement avait été impartie à Panama. 20 parlementaires sont mis en cause, la rumeur en accusant 104. Une Commission d'Enquête est nommée.

— **Novembre 1892** : la mort du baron de Reinach, l'un des financiers ayant participé au lancement de l'emprunt à lots, précipite la démission du gouvernement. On retrouve les talons des chèques et les noms de leurs bénéficiaires, dont ceux des ministres Rouvier, Baïhaut, Charles Floquet. Clémenceau, également impliqué dans ce scandale, est contraint de s'éclipser plusieurs années de la scène politique.

— **Janvier 1893** : ouverture du procès de l'affaire de Panama. C'est une succession de débats fastidieux qui lassera rapidement le public : le but recherché est atteint... Un seul parlementaire, le ministre des travaux publics Charles Baïhaut, est condamné à cinq ans de détention. Il est le seul à avoir avoué.

— **1903** : les Etats-Unis rachètent la concession de la Compagnie.

— **2000** : le canal de Panama passe sous l'entier contrôle du Panama.

L'Assemblée donne l'image d'une grotesque foire d'empoigne

Ils vinrent successivement se disculper, protester de leur innocence. L'un d'eux fut tragique, grandiloquent, il attesta le ciel et la terre ; un autre se fit petit, suppliant, son gémissement chétif attendrissait ; le troisième prit joyeusement l'aventure, plaisanta ses accusateurs, égaya l'assemblée en présentant son cas comme une farce de la justice. Tous trois demandaient à être poursuivis, sûrs de se justifier. Il semblait bien que tout leur crime fût un emprunt inconsidéré, dans un moment de gêne : quelques centaines de francs dus aux écumeurs politiques qui avaient profité de leurs embarras. La chambre, retournée en leur faveur, les jugeait plus à craindre qu'à blâmer ; sa colère rebondissait contre le gouvernement, qui donnait une sotte comédie au lieu de la tragédie an-

Travaux de percement du canal de Panama

noncée. Pièce d'autant plus bouffonne que le garde des sceaux s'excusait de ne pouvoir communiquer certains dossiers, parce qu'un greffier était aller passer la journée à Charenton, emportant la clef des tiroirs du juge, et qu'on ne savait où rejoindre ce greffier suburbain.

Bayonne s'empara de la tribune. Il dénonça le nouvel escamotage des satisfactions réclamées par la conscience publique, l'iniquité d'une justice qui ne s'abattait que sur les petits ; il donna une voix à la pitié commune qui amnistiait les négligeables accusés. On l'applaudit lorsqu'il traduisit ce sentiment général ; on l'applaudit plus encore lorsqu'il flétrit les concussionnaires impunis : chacun voulait se mettre en règle avec la vertu ; des mains battaient frénétiquement qui tremblaient tout à l'heure. Du regard, du geste, Bayonne foudroyait ceux qu'il appelait les vrais, les grands coupables. Les allusions du tribun souffletaient des personnages considérables, impassibles à leur banc. Allusions appuyées, grossièrement éclairées par les interruptions de l'extrême gauche, par les cris qui sifflaient comme des balles, allaient cingler les fronts

Députés adorant le Veau d'or. Caricature parue dans le *Supplément illustré du Petit Journal* du 31 décembre 1892

visés. Des poings se tendaient, menaçants.

A la tribune, Mirevault délaya l'affaire, achevant de noyer les poudres. Il s'opposait à l'enquête parlementaire réclamée par le chef des socialistes, tout en s'associant aux sentiments qui avaient inspiré cette demande. Il priait la chambre de voter un ordre du jour vague et vertueux, qui flétrissait en bloc des ombres insaisissables et affirmait la résolution de faire toute la lumière sur les responsabilités encourues. Les nouveaux, les jeunes vierges, appuyaient bruyamment l'ordre du jour. Ils avaient hâte de proclamer leur vertu immaculée, ils goûtaient le malin plaisir qu'éprouvent les nouvelles promotions à mettre dans le même sac tous les anciens. Quelques-uns de ceux-ci regimbaient, apostrophaient les nouveaux : « nous vous valons bien ! » Ils préparaient néanmoins leurs bulletins de vote, avec résignation : il fallait être vertueux à l'unanimité. « C'est idiot ! » répétait-on sur tous les bancs ; et on votait. La séance avait traîné jusqu'à huit heures. ■

D'APRÈS...
> ***Les morts qui parlent*** paru en 1899

Le supplice de la roue

Tous les arrêts condamnant les criminels à être rompus disent toujours qu'ils seront rompus vifs, mais, le plus souvent, les juges mettent un *retentum* au bas qui dit, ou qu'ils endureront seulement un ou deux coups vifs, ou qu'ils seront étranglés au bout de plus ou moins d'heures. Quand on lit l'arrêt aux criminels, on ne leur lit jamais le *retentum* : il n'y a que le bourreau qui en ait eu communication

On dresse un échafaud sur le milieu duquel est attachée à plat une croix de Saint-André faite avec deux solives en croix oblique. On a espacé dans chacune des quatre branches, six entailles ou coches à environ un pied l'une de l'autre. Le criminel déshabillé et nu en chemise est étendu sur cette croix, le visage tourné vers le ciel ; on l'attache à la croix avec des cordes à toutes les jointures, c'est-à-dire aux épaules, aux coudes, aux poignets, au haut des cuisses, aux genoux et aux coudepieds ; on lui met la tête sur une pierre. En cet état le bourreau armé d'une barre de fer carrée, large d'un pouce et demi et arrondie, avec un bouton à la poignée, en donne un coup violent entre chaque ligature, vis-à-vis de chaque coche ; et, comme les os dans ces endroits portent à faux, ils sont indubitablement cassés. On finit par deux ou trois coups sur l'estomac.

Quand le patient ne doit pas être rompu vif, on a précédemment construit sous l'échafaud, à l'endroit où il aura sa tête, un moulinet composé de deux montants, arrêtés en haut sous l'échafaud et en

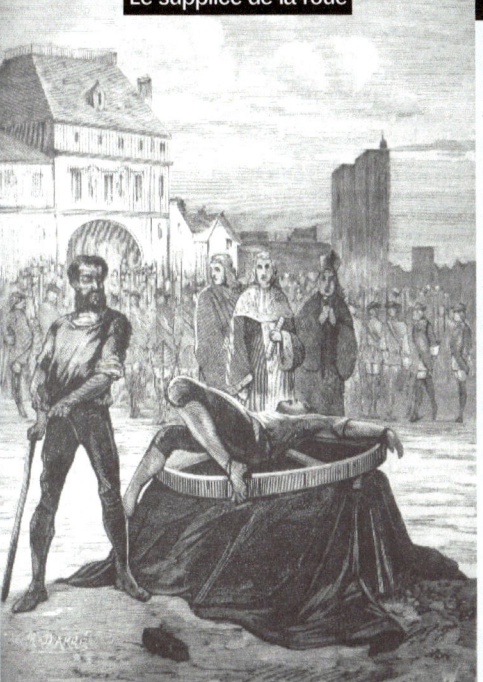

Le supplice de la roue

bas dans la terre : deux traverses les assemblent ; et au milieu est le moulinet rond percé de trous, comme on en voit derrière les charrettes et les chariots. Une corde passée en cravate sur le col du criminel, va rendre à ce moulinet, et se roulant autour par le moyen de leviers que deux hommes abaissent l'un après l'autre, elle serre vigoureusement le col, et étrangle sur le champ.

A un coin de l'échafaud est placée horizontalement sur un pivot, une petite roue de carrosse dont on a scié le moyeu en dehors. Aussitôt que l'expédition est faite, on détache le supplicié ; on lui plie les cuisses en dessous, de façon que les talons touchent au derrière de la tête, on le met dans cette situation sur la petite roue. On le lie aux jantes et on le laisse ainsi exposé au public plus ou moins longtemps. Quelquefois on l'expose sur un grand chemin, où on le laisse, sans plus y songer. ■

D'APRÈS... ***Faits des causes célèbres et intéressantes*** paru en 1757

Mœurs/Coutumes XVIe XVIIe XVIIIe XIXe

Veillées de NOËL du temps jadis : entre croyances et réjouissances

Où l'on apprend qu'avant d'être fixée au 25 décembre, la fête de Noël était mobile car sujette aux changements de calendrier qui marquèrent la vie de nos ancêtres. Chaque province de France célébrait à sa façon la Nativité, du partage des nieulles au rituel du tréfoir, bûche sur laquelle on versait processionnellement du vin avant de la faire brûler.

L'enquête faite sous le pape Jules Ier au quatrième siècle, avait fixé le jour de la Nativité au 25 décembre, époque où les Anciens célébraient le solstice d'hiver et la renaissance de la lumière qui se met, à ce moment, à refouler graduellement les ténèbres. Noël n'en fut pas moins d'abord une fête mobile, solennisée tantôt en janvier, tantôt au mois de mars ou d'avril. Sous Charlemagne, on emprunta à l'Italie l'usage de commencer l'année à Noël, bien que quelques actes du même âge prennent aussi pour début le 1er janvier ; mais, dès le dixième siècle, Pâques détrôna de nouveau, comme point initial, la Nativité ; seulement, comme en ces temps de confusion, il n'y avait aucune loi générale, on suivait simultanément les deux systèmes chronologiques. Il en fut ainsi durant le quatorzième et le quinzième siècles, et ce fut l'ordonnance de Roussillon, rendue en 1563 par le chancelier de l'Hôpital, qui décida qu'à l'avenir l'année civile partirait du 1er janvier.

Des chants de Noël sous forme de poèmes

Le voyage à Bethléem, la naissance du Sauveur, l'Adoration des bergers et des mages, voilà le triple thème de la fête annuelle qui, depuis lors, se célèbre sous le nom de Noël dans tous les pays de la chrétienté. Les cérémonies, au Moyen Age, avaient lieu autour de la crèche : à cette occasion le chant en langue vulgaire s'introduisit dans l'église à côté du chant liturgique.

Au neuvième siècle, le peuple avait cessé d'entendre le latin ; il fallait cependant qu'il con-

tinuât à se mêler activement au culte. Alors, par une tolérance du clergé, apparut le *noël*, d'abord sous la forme bizarre du cantique farci, c'est-à-dire moitié en latin, moitié en roman, puis, plus tard, comme une partie intégrante du mystère de l'incarnation et de la nativité de Jésus. Ces jeux scéniques ayant dégénéré en bouffonneries, l'Église les supprima ; mais ils passèrent dans le domaine commun et restèrent au foyer familial comme un dernier souvenir, un dernier écho des pratiques d'autrefois.

Les chants de Noël, les *Noëls*, comme on dit tout court, représentent chez nous des échantillons aussi anciens que curieux de la poésie populaire et religieuse. Presque toutes les provinces possédaient leurs recueils de *Noëls* en patois. Il y avait les *noëls* bourguignons, les *noëls* d'Auvergne, du Forez, les *noëls* bressans, poitevins, normands, bretons, languedociens, provençaux, bizontins, toulousains. On les chantait au foyer, dans les rues, et les principaux ont été condensés au dix-septième siècle en un petit livre appelé la *Bible des Noëls*.

Le sujet de ces poèmes dialogués est toujours le même : c'est *saint Joseph* cherchant à Bethléem un logis pour la Vierge, allant de porte en porte, d'hôtellerie en hôtellerie, et partout éconduit, jusqu'à ce qu'on lui indique une grotte où les voyageurs trouvent un abri. C'est ensuite la naissance du petit Jésus qu'on montre couché sur la paille « entre le bœuf et l'âne gris », tandis que mages, bergers, animaux viennent lui rendre hommage en lui apportant toutes sortes de présents. Enfin c'est la fuite de la famille, poursuivie par Hérode.

Un cérémonial pour se garder des mauvais présages

Autrefois, à l'occasion de Noël, on distribuait à ses amis des gâteaux appelés *nieulles* qu'on ne connaît plus guère aujourd'hui. On pétrissait en outre, dès la veille, un fort gros pain, dit *pain de calandre*, qu'on partageait entre la famille, après en avoir coupé un petit morceau sur lequel on faisait trois ou quatre croix avec un couteau, et que l'on conservait. On attribuait à cette miche la vertu

L'Oie de Noël

de guérir de plusieurs maux. En Bohême, il était en usage, dans quelques campagnes, d'enfouir les restes du repas de Noël sous des arbres fruitiers pour les rendre plus fertiles.

Et la fameuse bûche de Noël, ou *tréfoir*, quel rôle jouait-elle cette nuit-là ? On la préparait d'avance, et lorsque toute la famille était réunie en cérémonie dans la salle commune, on allait la chercher processionnellement en chantant des vers et on l'apportait dans l'âtre. La plus jeune des personnes de la maison l'aspergeait ensuite d'un verre de vin ; après quoi on y mettait le feu. Il fallait qu'elle brûlât jusqu'au jour, sinon, c'était un mauvais présage. Le charbon de ce bois, on le gardait toute l'année, et on le faisait entrer dans la composition de plusieurs remèdes.

En Belgique, l'enfant Jésus est censé visiter de préférence le logis où se trouve la plus grosse bûche. En Autriche, la veille de Noël, le chef de la famille asperge en silence, et sans retourner la tête, toutes les pièces de la maison, les granges, les écuries, les champs même, pour chasser le mauvais esprit et tout consacrer au verbe divin qui va descendre du ciel. On allume ensuite des cierges sur un petit autel dressé dans la salle principale ; on prend le repas de Noël, puis on récite des prières, on raconte des légendes pieuses, on chante des chants de la crèche, et jeunes gens et jeunes filles interrogent l'avenir de toutes sortes de manières, en attendant le moment de se rendre à la messe de minuit, pendant laquelle on entend souvent le rossignol et le coucou mêler leur voix aux psalmodies des officiants.

En Allemagne, la fête de la Nativité a une grande importance. Ce jour-là, tout est en mouvement dans les villes et villages. Chaque famille se réunit le soir autour d'un petit sapin chargé de luminaires et de présents. Le sapin, l'arbre toujours vert, est dans les pays du nord et de l'ancienne Germanie, l'arbre par excellence du Christ, le *Christbaum*, et, avec ses rameaux magnifiquement éclairés, il est le symbole consacré du renouveau.

Depuis 1870, il sert aussi chez nous à fêter la Noël des petits Alsaciens de Paris. On fait venir des environs de Mulhouse un *Tannen-baum*, enveloppé d'une grosse motte de terre alsacienne ; c'est, pour les exilés, l'image et comme la substance de la patrie perdue. Il est dressé, le 25 décembre, au milieu de la grande salle du Châtelet, couvert de bougies, de gâteaux, de jouets, et les petits enfants assistés par la société d'Alsace-Lorraine reçoivent ainsi leurs modestes étrennes.

A Paris, la Noël, on le sait, consiste entièrement, en dehors de la messe, dans les joies gastronomiques du *réveillon* dont on peut retrouver l'origine dans cette collation par exemple qui se faisait jadis dans les églises mêmes en Espagne et qu'entrecoupait un scénario pieux

Les badineries interdites dans les églises à Noël

Dans certaines provinces françaises, la cérémonie religieuse de Noël s'accompagnait parfois de danses au cœur même des églises. Des « excès » que l'Église fut amenée à réprouver.... Le concile provincial de Narbonne de l'an 1551, après avoir défendu les danses et autres badineries qui se faisaient autrefois dans les églises, ajoute que, pour y obvier, les curés s'abstiendront de faire venir leurs paroissiens à certains repas appelés *defructus*. Mais qu'était ce repas dénommé *defructus* ? En était-ce un où l'on ne servait que du fruit, et qui, pour cette raison, s'appelait *de fructu* ? Ou plutôt en était-ce un où l'on ne présentait aucun fruit, comme la préposition *de* semblerait le désigner ?

Je crois qu'il pouvait également y avoir du fruit à ce repas, ou n'y point en avoir ; et que si ces sortes de repas s'appelaient *defructus*, c'était par rapport aux fêtes dans lesquelles on les donnait, et au motif qui les faisait faire. Ce n'était pas certainement la saison des fruits, puisque je prétends qu'on les prenait au temps de Noël, jusqu'à l'Epiphanie ; mais, selon moi, ces repas s'appelaient *defructus*, premièrement à cause de l'antienne *de fructu*, qu'on chante dans ce temps-là à vêpres, sur le psaume *Memento* ; secondement, parce que cette antienne devait être commencée par quelque notable personnage de la paroisse, qui payait ensuite la collation, à peu près comme on fait encore en plusieurs endroits à l'égard des *O* de Noël. Le fondement de mon explication est que le concile, immédiatement après les paroles défendant les *defructus*, continue ainsi : *Nec permittant quempiam canere ut dicunt ; Memento, Domine...* La liaison du repas appelé *defructus* avec le chant du psaume *Memento* paraît ici très visiblement ; mais ce n'est pas tout, j'ai encore une preuve domestique de la justesse de mon explication. C'était l'usage en cette ville, il n'y a pas plus de soixante-dix ans, que l'ecclésiastique qui faisait dans les paroisses la fonction de choriste aux vêpres le jour de Noël et autres fêtes suivantes, annonçait l'antienne *de fructu* au plus notable des séculiers de la paroisse, qui se trouvait placé dans le chœur.

Dans telle église, par exemple, où demeurait le lieutenant-général, c'était à lui à l'entonner le jour de Noël ; dans une autre où il n'y avait que des conseillers, on l'annonçait au plus ancien, et il l'entonnait de son mieux, et ainsi à tour de rôle, à mesure que les fêtes s'écoulaient.

En la lui annonçant, le choriste ou chapier lui présentait une branche d'oranger garnie de son fruit, ou, à défaut, une branche de laurier à laquelle était attachée une orange ; et lorsque le magistrat avait entonné son *de fructu*, il allait directement au grand autel, sur la table duquel il déposait la branche d'oranger ou de laurier. Par cette honorable cérémonie, il était engagé à donner à souper au clergé de la paroisse, et il le donnait en effet.

Quelques religieux mendiants s'étaient mis aussi sur le pied d'annoncer à leurs bons amis le *de fructu* ; mais comme cela tirait à conséquence, chacun évita dans la suite de se trouver à leurs vêpres les jours qu'on devait chanter cette antienne, ou de monter dans leurs hautes chaires. Deux octogénaires de ce pays m'ont appris ces circonstances, il y a quelques années : l'un se souvenait très bien d'avoir vu la cérémonie pratiquée en entier par Claude Girardin, qui était lieutenant-général au bailliage et siège présidial de cette ville, en 1650. Je crois que voilà le *defructus* du concile de Narbonne suffisamment éclairci. ■

D'APRÈS... Le Mercure paru en 1726

Mœurs/Coutumes

exécuté au bruit des guitares, des tambourins, des castagnettes et avec accompagnement de danses.

Une période empreinte de superstitions et d'allégresse

Par contre, en Bretagne, la soirée de la nativité garde quelque chose de grave et d'austère, qui ne se retrouve pas dans la province voisine, la Normandie, où les enfants se bornent à aller quêter de ferme en ferme des *aguignettes* ou étrennes. Dans la péninsule de granit recouverte de chênes, la Noël revêt un caractère de grandeur mystérieuse et sauvage, qui est comme le reflet de l'empreinte laissée dans les âmes par le pays même. En se pressant autour du feu de genêts épineux, les Bretons s'entretiennent volontiers de l'ordre de la nature bouleversé.

Leur esprit superstitieux va au-devant des fantômes errants, des fées des eaux et des bois, des *horigans*, des dragons gardiens de trésors. Ils entendent la *charrette moulinoire* grincer au dehors par les chemins creux, le cheval fantastique et l'homme-loup galoper à travers les champs. Ils savent qu'en cette nuit de la *Nédélec*, plus qu'en aucune autre, des flammes bleues voltigent dans les cimetières, que les noyés sortent de la mer, que les damnés soulèvent la pierre de leur tombe pour réclamer des prières aux vivants, et qu'au bord des mares les lavandières nocturnes se livrent à leurs effrayantes pratiques. Telle est l'épouvantable procession qui chemine à travers la lande, à l'heure noire où les fidèles sortent pour gagner l'église, souvent fort éloignée. Bien plus, les bestiaux eux-mêmes sont censés porter leurs adorations à l'enfant Jésus, et, tant que dure la messe de minuit, ils nouent entre eux des dialogues mystérieux, ils ont la faculté de parler, d'exprimer leur opinion sur les hommes, et sages et avisés bien souvent sont ceux qui savent écouter ces colloques.

Plus au sud, dans la lumineuse Provence, c'est la joie qui a de tous temps dominé dans la solennité de la Noël. Là, le festival traditionnel est la dinde bourrée de marrons pour le pauvre, bourrée de truffes pour le riche ; mais ce mets n'apparaît sur la table, la vigile exigeant l'abstinence, qu'après un souper composé de plats maigres, dont la morue en matelotte et la carde en sauce blanche forment le fond traditionnel et obligatoire. A Arles et dans le Comtat-Venaissin, c'était avec une burette d'huile d'olives qu'on arrosait, en l'attisant du même coup, la bûche qui devait brûler toute la nuit.

A Marseille, une semaine avant la Noël, se tenait sur le cours Belzunce la foire « des petits saints », *fiero deis santous*, ensuite transférée sur les allées des Capucines, à côté des marchands de nougats. Les petits saints sont des statuettes de plâtre grossièrement modelées ou d'argile simplement comprimé dans des moules et ornées de fortes enluminures. Elles occupent des cabanes de carton ou de sapin qui figurent l'étable de Bethléem. On

Les cadeaux de Noël. Dessin de Gustave Doré

voit là les rois mages avec leurs esclaves et leurs chameaux richement caparaçonnés, puis, à côté d'eux, des moines de tous les ordres, des soldats français, une commère qui file, un bohémien qui porte un chat sur les épaules, un rémouleur, un joueur de tambourin, un paysan coiffé d'un bonnet de coton, tout cela pêle-mêle avec des animaux de tous les pays, des moulins à vent, des maisons à plusieurs étages, des locomotives même tous feux allumés. Ce genre d'exhibition vient probablement d'Italie, saint François d'Assise le premier, en son oratoire des Abruzzes, ayant obtenu l'autorisation de représenter les diverses scènes de la nativité au moyen de figurines de bois et d'argile. A Marseille, les chapelles des couvents d'abord adoptèrent cet usage, et, dès le quatorzième siècle, l'église des Accoules eut son théâtre de la crèche. ∎

D'APRÈS...
> *Le Magasin pittoresque* paru en 1895

Problèmes de calendrier

Le 15 décembre 1582, c'était Noël

On peut lire dans les *Archives historiques de la Gironde* : « Soit mémoire que en l'an mil cinq cent quatre-vingt-deux par autorité de nostre saint père le Pape fut décidé que par toute la chrestienté on retrancheroit dix jours du moys d'octobre dudict an de sorte que ledict moys qui est ordinairement de trente un jours n'en auroit que vingt ung jours et que le jour de Pasques prochainement venant mil cinq cent quatre-vingt-troys d'apvril. Et cella le Saint-Père a faict pour faire tumber à jamays ledict jour de Pasques à certain jour dont Sa Saincteté en a adverti tous les princes chrestiens affin que tous fidèles chrestiens célébrassent ledict jour et feste de Pâques à mesme jour, temps et saison. Et pour ce que le Roy en fut tard adverti, par son édict il ordonne que par tout son royaume lesdicts dix jours seroint retranchés du moys de décembre dudict an 1582, de sorte que le jour de Noël qui tumbe ordinairement au vingt-cinquiesme dudict moys a esté célébré le quinziesme et ledict moys n'a eu que vingt ung jours.

La date de l'Epiphanie, adoptée au IVe siècle

Dans la *Revue Bleue* du 2 janvier 1886, Théodore Reinach s'est occupé de l'origine de la date à laquelle l'Église célèbre la fête de Noël. Ses conclusions sont les suivantes : « Une ancienne superstition, dont la trace se retrouve chez saint Augustin, voulait que le Christ fût sorti du monde l'anniversaire du jour où il y était entré. L'Église d'Orient plaçant la Passion au 6 avril (probablement de l'an 30), devait donc admettre pour la Conception la date du 6 avril et pour la naissance (neuf mois après) le 6 janvier. C'est en effet le jour où se célèbre l'Epiphanie, qui n'est qu'un doublet de la Noël. Dans l'Église d'Occident ces dates devienrent respectivement 25 mars (par suite d'une coïncidence voulue avec l'équinoxe du printemps) et 25 décembre. Cette dernière date n'a prévalu en Orient qu'au IVe siècle, et par une sorte de transaction, les Églises occidentales ont alors adopté la fête orientale de l'Epiphanie, ou jour des Rois, le 6 janvier. ∎

La France pittoresque

Quand la justice veut un coupable

En 1761, une bande de brigands dont le chef répondait au joli nom de Fleur d'Epine, désolait les environs de Rouen. Vols, incendies, assassinats se multipliaient dans la contrée où régnait une véritable terreur. Le 13 octobre dans la nuit, ils envahissaient la maison d'une vieille femme, la veuve Fourré, qui habitait seule avec sa servante, une fille Vasselin. Suivant leur coutume, les compagnons de Fleur d'Epine pénétraient masqués chez la veuve Fourré, la ligotaient ainsi que sa domestique, les menaçant l'une et l'autre de mort au moindre appel, au moindre cri. Après avoir fouillé tous les meubles et s'être emparés de tout ce qui pouvait avoir la moindre valeur, ils s'enfuyaient, laissant la vie sauve à leurs victimes. La veuve Fourré porta plainte et dénonça quatre de ses parents, un sieur Fourré et ses trois fils avec lesquels elle ne vivait pas en très bonne intelligence. La servante, la fille Vasselin, affirma avoir parfaitement reconnu les malfaiteurs.

Arrêtés, ceux-ci protestèrent contre l'accusation dont ils étaient l'objet, objectant qu'ils étaient chez eux dans la nuit du 13 octobre et citant des témoins qui appuyèrent leurs dires. Une perquisition opérée dans leur maison ne fit découvrir rien de suspect. Qu'importe ! Les témoignages des victimes étaient pour la justice des charges suffisantes, et les affirmations de la fille Vasselin étaient assez formelles pour ne laisser place à aucun doute. Fourré et ses trois fils furent mis en jugement puis déclarés coupables. Le plus jeune fut frappé de la peine du fouet. Le père Fourré et son second fils furent condamnés aux galères perpétuelles. Le fils aîné fut soumis à la question, après quoi on décida qu'il serait rompu vif et roué. La torture et les longs mois d'emprisonnement ne leur arrachèrent aucun aveu.

Le fils aîné venait d'être exécuté sur la roue lorsque son père entendit le prisonnier du cachot voisin, un homme de la bande de Fleur d'Epine qui venait d'être capturée tout entière : il révélait au père les noms des véritables auteurs du crime expié par les Fourré. Un sursis fut accordé ; on voulut bien ne point leur infliger la marque et ne pas les expédier au bagne ; mais bien que leur innocence ne fût plus contestée, il fallut encore quatre ans avant qu'elle fût judiciairement reconnue ! En attendant cette reconnaissance, le père Fourré mourut dans son cachot. Un arrêt en date du 4 novembre 1765 proclama enfin la réhabilitation des Fourré. La Vasselin, convaincue de faux témoignage, fut bannie de la province, condamnée à faire amende honorable et à payer 50 livres destinées à faire dire des prières pour les âmes des Fourré. ■

D'APRÈS... *Recueil des causes célèbres* paru en 1808

Palais de Justice de Rouen

Vous avez dit bizarre ?

À votre SANTÉ !

Les Grecs et les Romains avaient coutume de faire des libations en l'honneur des dieux, de répandre du vin, et même de boire à leur honneur. Pour l'usage de boire à la santé de ses protecteurs et à celle de ses amis, on en trouve une infinité de preuves chez les historiens grecs et romains. Ovide parle de l'usage en question chez les Grecs. Les Athéniens s'adressant à

Thésée dans un festin, le félicitent sur son heureux retour, et énumèrent ces fameux travaux qui lui assuraient l'immortalité. Ils ajoutent à leurs éloges : *Bacchi tibi sumimums haustus* (nous buvons à votre santé).

Asegnius expliquant ce qu'était *boire à la grecque*, dit que les Grecs dans leurs libations saluaient d'abord les dieux, ensuite leurs amis. Chaque fois qu'ils nommaient ou les dieux ou leurs amis, ils buvaient du vin pur. C'était un point essentiel à la cérémonie de cet acte, qui faisait partie de la religion de boire son *vin sans eau*, ou sans les autres mixtions d'usage, de miel, de safran, etc. De là est venue à nos ancêtres la coutume de ne pas saluer lorsqu'on met de l'eau dans son vin, et de s'en excuser dans ce cas, ou lorsqu'on ne boit que de l'eau.

Mais ce n'était pas seulement dans les fêtes de Bacchus que l'on faisait usage du vin ; cette liqueur étant le principal agrément des festins et ayant paru propre à exciter et à marquer la joie, on l'employa dans les réjouissances publiques. On l'admit entre les particuliers et dans les familles, pour signaler la joie causée par quelque heureux événement, tel le retour d'un long voyage, le gain d'un procès, etc. La santé étant le bien le plus précieux, il était naturel de la célébrer aussi par excellence. On but donc en réjouissance du rétablissement d'une chère santé. De là il n'y a qu'un pas à l'usage de boire en la souhaitant. Nous avons même encore la méthode de boire en congratulant sur un heureux succès, de même que nous buvons en le souhaitant. ■

D'APRÈS... *Le Journal de Verdun* paru en 1751

Personnages — XVIe XVIIe **XVIIIe** XIXe

Si la France m'était contée…

L'espion qui aimait Louis XV ou grandeur et décadence du chevalier D'ÉON

Le chevalier d'Éon

Né à Tonnerre dans l'Yonne, Charles Geneviève d'Éon est issu d'une longue lignée de hauts dignitaires de l'État. Escrimeur hors pair et avocat au Parlement, il est repéré par le prince de Conti qui l'engage dans les services secrets de Louis XV. Déguisé en femme pour raison d'État, le chevalier d'Éon fait ses premières armes d'espion en Russie sous le pseudonyme de « Lia de Beaumont », avant de reprendre du service en Angleterre lors de la guerre de Sept Ans. Mais du simple « jeu diplomatique », son travestissement devient ensuite une nécessité pour échapper aux foudres de l'ambassadeur de France en Angleterre et regagner la France sans encombre…

La famille d'Éon, originaire de Bretagne, était venue, vers le XIIe siècle, s'établir en Bourgogne où elle avait rapidement prospéré. Plusieurs d'Éon ont occupé près des rois de France, d'Angleterre ou des ducs de Bourgogne des postes très importants. Charles Geneviève Louis Auguste André Timothée d'Éon, qui deviendra le chevalier ou la chevalière d'Éon, naquit le 5 octobre 1728 dans les bâtiments du futur hôtel d'Uzès, rue de Bernouil à Tonnerre, dans l'Yonne.

Des ancêtres ayant tous été conseillers du roi

Parmi les ancêtres les plus notables de Charles Geneviève, on cite un Pantaléon Déon, ancien conseiller du roi, prévôt des maréchaux de France pour la ville et élection de Tonnerre. Son grand-père, André, né en 1656 et qui mourut à Tonnerre en 1720, avait été maire à la fin du XVIIe siècle, en même temps qu'il exerçait les fonctions de conseiller du roi et d'élu. Cet André Déon est passé à la postérité en fondant un service religieux pour protester contre les débauches du carnaval ainsi que le mentionne une curieuse inscription apposée sur le premier pilier de la nef de l'église de Ravières.

L'hôtel d'Uzès, à Tonnerre

Le père du chevalier, Louis d'Éon de Beaumont, était avocat au Parlement, conseiller du roi, subdélégué de la généralité de Paris (une sorte de sous-préfet), directeur des domaines du roi, maire de la ville et surtout l'homme le plus droit que l'on pût trouver. De son mariage avec Françoise de Charanton, fille d'un commissaire général des guerres aux armées d'Espagne et d'Italie, il eut trois enfants : Marguerite (1724), mariée au comte irlandais O'German ; Théodore (1727) mort six mois après sa naissance ; enfin, Charles Geneviève, notre héros, baptisé le 7 du même mois dans l'église Notre-Dame de Tonnerre. Les registres paroissiaux mentionnent celui-ci comme étant le fils de noble Louis Déon (sans particule).

Une éducation qu'il saura mettre à profit en devenant avocat

Sa mère, ne pouvant l'allaiter, le confia à une nourrice, très honnête et très dévouée, la mère Benoît, pour laquelle il conserva toujours la plus vive affection, lui écrivant encore en 1763, depuis Londres, pour la remercier

Personnages

Le coeur des Tonnerrois hésite entre opprobre et fierté

Que pouvaient penser les Tonnerrois de la transformation de d'Éon ? Sans doute le boudèrent-ils au moins quelque temps. Sans doute aussi se montrèrent-ils fiers de lui lors de son retour, car il est difficile de parler ici de manifestations organisées... Mais les Tonnerrois contemporains qui l'avaient connu enfant, jeune homme, officier de dragons, pouvaient-ils admettre une si complète transformation à une époque où la grande presse – inexistante – ne pouvait orchestrer la propagande autour de ces questions, tellement à l'ordre du jour au XXe siècle ?

Aux yeux de ses compatriotes, d'Éon passait-il pour un homme ou pour une femme ? Il paraît bien difficile d'admettre que les Tonnerrois se soient fait illusion à ce sujet. Non seulement en effet, le chevalier avait à Tonnerre son barbier attitré, le célèbre « père Bouquin », perruquier très renommé en son temps et qui ne manquait ni de culture, ni de finesse d'esprit, mais il n'était certes pas non plus sans avoir conservé des camarades d'enfance et de jeux pour qui la question ne pouvait faire l'objet de discussion. Sans doute portait-il le travesti féminin et les fanfreluches compliquées de la mode avec un « chic » et une distinction qui pouvaient faire illusion à des yeux non prévenus. D'Éon supportait même à son avantage l'épreuve redoutable du décolleté ; les gravures du musée-bibliothèque de la ville sont éloquentes à ce sujet. Mais comment aurait-il pu faire sincèrement illusion à sa nourrice ou à ses proches qui n'avaient pas besoin d'un procès-verbal d'examen médical pour être instruits de la vérité !

Pourtant, à Tonnerre même, d'Éon dissimulait soigneusement cette évidente vérité. Il était femme, se conduisait comme femme et les autorités locales elles-mêmes semblent avoir admis sans discuter la consigne officielle. Il est vrai que sa mère lui écrivait aussi au féminin. Un curieux document rédigé officiellement à Tonnerre en 1779, lors de la reconstruction dans son jardin de la chapelle précédemment édifiée sur le pont Notre-Dame montre que les édiles tonnerrois déclarent formellement retenir les propositions avantageuses de « Demoiselle Charlotte Geneviève Louise Auguste Andrée Thimothée, *cydevant connue* sous le nom de chevalier d'Éon de Beaumont, ancien capitaine des dragons et des volontaires de l'armée, etc. » laquelle proteste « de sa vénération à la Vierge Marie » comme l'eut fait à l'époque toute autre jeune fille de bonne famille !

Par ailleurs, si les Tonnerrois ne pouvaient avoir aucune illusion, le travestissement de d'Éon pouvait faire impression hors de la région. Nous voyons ainsi sans surprise le chevalier recevoir des propositions de mariage émanant d'hommes de très bonne foi : le 6 février 1782 lui parvient, en effet, une missive signée d'un certain de Foigny de Blammont, baron et commandeur honoraire de l'ordre royal et militaire de la Sainte-Ampoule et de Notre-Dame de l'Etoile, demandant la main de « Mademoiselle d'Eon de Beaumont » ! Ce pauvre Foigny de Blammont qui n'était peut-être qu'un humoriste énumérait avec complaisance ses titres et qualités, estimant ainsi être digne de « sa fiancée » chevalière de l'ordre royal et militaire de Saint-Louis !

Cette mésaventure ne fut pas la seule et il y était accoutumé. On dit même qu'à diverses reprises, le chevalier dut s'employer avec énergie pour faire respecter sa « vertu » féminine à l'encontre de galants trop audacieux, et à ces moments-là l'officier de dragons retrouvait son épée ! Mais d'Eon ne songeait pas uniquement aux frivolités. Des visiteurs illustres vinrent lui rendre visite dans sa maison de la rue du Pont. Signalons entre autres, le prince Henri de Prusse, frère du grand Frédéric, qui y fit séjour, et Caron de Beaumarchais dont le nom se trouve mêlé à tant de tractations secrètes du gouvernement royal à l'étranger. Il y a lieu de croire que ces entrevues n'étaient pas sans motif, malgré d'anodines apparences. ■

Le chevalier d'Éon. Gravure de 1791

EXTRAIT DE... **Tonnerre et son comté** paru en 1973

Le chevalier d'Éon. Estampe du XVIIIe siècle

de ses soins et lui annoncer qu'il lui fait une pension annuelle de cent livres.

Le jeune Charles Geneviève passa ses premières années auprès de ses parents qui, détail curieux, l'habillèrent en fille jusqu'à sept ans. A cette date, il commença son éducation avec l'abbé Marcenay, curé de Saint-Pierre de Tonnerre, dont il fut l'élève intelligent mais indiscipliné, avant que son père ne le mît en pension à Paris, à l'âge de douze ans. A dix-sept ans, au cours de la cérémonie de sa confirmation à l'église Saint-Sulpice, on ajouta à ses prénoms celui de Marie, parce que, racontera plus tard le chevalier, il avait été jadis voué à la sainte Vierge.

Charles Geneviève acheva ses études au collège Mazarin. L'étude des langues, après l'avoir d'abord rebuté, était devenue l'objet de toute son attention. Reçu bientôt docteur en droit civil et en droit canon, avec dispense d'âge, il devint ensuite avocat au Parlement à l'âge de vingt-deux ans. Dès lors, d'Éon connut, semble-t-il, d'avantageux succès mondains : admis dans la meilleure société, il fut protégé successivement par la duchesse de Penthièvre, le comte d'Onsenbray, le maréchal de Belle-Isle, le duc de Nivernais et enfin le prince de Conti lui-même, aux destinées duquel la sienne sera liée si fortement.

Épris de politique, il croise le destin d'un proche de Louis XV

Associant l'étude de la politique à celui des belles-lettres, il publia un *Essai historique sur les différentes situations de la France par rapport aux finances*, et deux volumes de *Considérations politiques sur l'administration des peuples anciens et modernes*, ouvrages remplis de recherches. Sa vie s'écoulait ainsi entre la culture des let-

Personnages

tres et l'étude de l'escrime, où il avait acquis une certaine célébrité, lorsque sur la présentation du prince de Conti, Louis XV en fit son espion particulier : et voilà son nom écrit avec une apostrophe ; et voilà utilisée également la grande aisance du jeune homme au travesti féminin !

Le roi le chargea de se rendre en Russie déguisé en femme, avec le chevalier de Douglas ; d'abord sans caractère particulier, et ensuite comme secrétaire, afin de rétablir les relations d'amitié entre cette puissance et la France. Présenté comme la nièce de Douglas, sous le nom de Lia de Beaumont, agréé partout comme *telle*, admis dans l'intimité de la tsarine et nommé sa lectrice, d'Éon remplit sa délicate mission avec toute la finesse du sexe qu'on lui prêtait, unie au tact du diplomate le plus consommé. La Russie, d'abord décidée à soutenir le roi de Prusse, réunit au contraire ses armes à celles de l'Autriche et de la France contre cette puissance.

D'Éon prit ensuite part à la guerre de Sept Ans, où il fit des prodiges de valeur. Habile à se ménager les bonnes grâces des cours, il fut choisi par le roi d'Angleterre lui-même, en février 1763, et contre l'usage ordinaire, pour porter à la cour de France la ratification définitive du traité de paix. Cette affaire lui valut la croix de Saint-Louis, et même le titre de chevalier de cet ordre, quoiqu'il ne fût pas apte à y prétendre.

D'Éon de Beaumont par Thomas Stewart (1792)

Il est contraint de porter la robe pour revenir en France

En 1777, nous retrouvons Charles Geneviève d'Éon à Londres, en train de se transformer en femme. Pourquoi et comment ? Une version prétend que d'Éon, réduit aux expédients, aurait accueilli cette invention extraordinaire comme un moyen de reconquérir une célébrité défaillante et de se procurer des ressources. Un pamphlétaire avait fait courir le bruit que c'était une femme. D'Éon protesta d'abord, mais, à la réflexion il vit le parti qu'il pouvait tirer de cette insinuation. Il déclara donc à l'un de ses intimes, Drouet, secrétaire du comte de Broglie, qu'il était bien une femme. Le bruit s'en répandit jusqu'à Versailles. D'après une seconde version, ce serait Louis XVI lui-même qui, par l'intermédiaire de Beaumarchais lui aurait intimé l'ordre, puisqu'il disait être une femme, d'en porter les habits et de vivre désormais en conséquence.

Quoi qu'il en soit, Louis XVI lui pardonna ses incartades, et l'autorisa à revenir en France, à la condition qu'il fût vêtu en femme, et l'ancien capitaine de dragons, l'ancien diplomate, l'escrimeur en renom, reparut à Paris en jupe de soie et en souliers de satin à hauts talons. On le rechercha, cela se devine. Ce n'était pas pour sa beauté. Il comptait à ce moment-là cinquante ans : il était gros, avait la voix rude, une barbe noire très drue qu'il fallait raser de près chaque matin, et une gaucherie bien naturelle sous son accoutrement imprévu. De retour dans sa ville natale, où sa vénérable mère vivait toujours, il reçut un accueil enthousiaste de la part des Tonnerrois : on illumina, on tira des salves. Mais cela n'empêcha pas les commentaires d'aller leur train, et Madame d'Éon de juger très librement ce fils qui, parti joli cadet, lui revenait en vieille fille ! Un différend avec son fondé de pouvoir contraignit le chevalier à retourner à Londres, où il mourut au mois de mai 1810. ■

D'après...
> **Dictionnaire de la conversation et de la lecture** paru en 1835

Le chevalier d'Éon : un très averti producteur de vin

Le personnage de d'Éon est également intéressant parce qu'il produisait son vin et même en faisait un certain commerce. Le fait en lui-même n'avait rien de particulièrement original, car nombreux étaient les « bourgeois » de l'époque qui agissaient comme lui. Mais la situation de d'Éon, ses relations et les notes qu'il a laissées, permettent de relever des renseignements intéressants. Il semble bien d'après les lettres reçues que la famille de d'Éon ait tiré des vignes de Chamboudon, Saint-Michel et autres lieux, un profit appréciable. Il est plusieurs fois question de feuillettes de vin, livrées moyennant 140 livres le muid. En 1760 son prix pour le vin blanc était de 110 livres le muid.

Nous ne reprendrons pas ici l'anecdote du vin de Tonnerre qui aurait permis à notre héros de procéder à une fructueuse opération d'espionnage diplomatique en « étourdissant » un partenaire anglais. Mais nous dirons qu'en mai 1761 il fit parvenir à Paris six feuillettes de vin rouge de la récolte 1760 à 100 livres le muid pour S. E. le comte Tchemitcheff, ambassadeur de Sa Majesté Impériale de Russie, plus deux feuillettes de vin blanc. Il n'oublia d'ailleurs pas l'office de l'ambassadeur qui fut fourni de trois feuillettes de rouge à 60 livres seulement !

D'Éon de bon conseil pour le commerce des vins

Une missive du 7 juillet 1785 donne des détails sur la situation viticole dans la région, les perspectives de la future récolte, les prix des cuvées, qui laissent transparaître un habitué du commerce des vins. Ne précise-t-il pas « j'ai envoyé à chaque personne une demi-bouteille de vin pareil à celui des feuillettes bien ficelé et les armes de mon père dessus le bouchon et le scel ». Il envoyait donc des échantillons bouchés avec marque de fabrique !

Cette activité se prolongea longtemps. Le 28 mai 1789, le vicomte O'Gorman, son neveu, écrit à d'Éon pour lui demander conseil sur l'entretien des vignes de Chamboudon « qui sont magnifiques, avec beaucoup de raisins » etc. La récolte de 1790, 25 feuillettes, « a de la couleur » etc. Et le neveu qui « va aux vignes à chaque façon qu'on leur donne » continue les bons offices de son père et d'Éon tient à être informé avec précision de ses bonnes vieilles vignes tonnerroises. Et en cela il se montre un excellent enfant du pays et l'éloignement ne change pas son attitude. ■

Extrait de... **Tonnerre et son comté** paru en 1973

BAGDAD : centre du monde 5 siècles durant puis ravagé en 1258 par une force aveugle

Le fondateur de Bagdad est le calife Abou-Djafar-Al-Mansur, qui, ennuyé de la résidence d'Achemia, envoya de tous côtés des médecins et des savants habiles dans l'art de connaître la salubrité de l'air, pour choisir un lieu où il pût se bâtir une capitale.

La science préside à la naissance de la future ville lumière

Une plaine à l'orient de la branche principale du Tigre fut désignée, et l'on indiqua avec de la cendre le cercle qui devait former l'emplacement de Bagdad. Les astrologues furent consultés, et l'an 145 de l'Hégire (763 de l'ère chrétienne), on jeta, à l'heure qu'ils avaient indiquée comme favorable, les fondements de cette ville que la *destruction ne devait jamais atteindre*. Les travaux furent bientôt interrompus par quelques révoltes, puis repris en l'année 146 de l'Hégire. L'historien Mousliheddin a consigné que les astrologues Khaled le Barmécide et Hadjaj ben Artan s'accordèrent pour que les fondements fussent jetés sous l'influence du signe du sagittaire, parce qu'il devait en résulter qu'aucun des califes de la famille d'Abbas ne pourrait y être atteint des flèches de la mort ; ce que l'événement a justifié ; car, comme l'historien musulman le prouve par la liste des lieux où sont morts tous ces califes, aucun n'est mort dans Bagdad même.

Une légende affirme qu'un certain Khosru avait autrefois donné la campagne où fut ensuite fondée Bagdad à l'une de ses femmes, une princesse qui y faisait nourrir ses troupeaux et qui y fit bâtir une espèce de chapelle qu'elle dédia à sa principale idole, nommée *Bagh*. Elle aurait donné à cette campagne le nom de *Baghdad*, qui signifie en persan *le don* ou *le présent de Bagh*. La chapelle de l'idole étant devenue, par succession de temps, la retraite et l'oratoire d'un saint ermite, il arriva que, pendant qu'Al-Mansur se promenait sur les bords du Tigre, roulant dans son esprit le projet de sa nouvelle ville, un de ses officiers s'étant écarté de la suite du calife, s'approcha de la chapelle. Il découvrit à l'ermite le dessein de son maître ; le bon vieillard lui dit que, selon la tradition du pays, un nommé *Moclas* devait un jour bâtir une ville dans ces quartiers-là, mais que ce nom n'avait aucun rapport avec ceux que le calife portait. L'officier ayant rejoint Al-Mansur, lui fit part de ce qu'il avait appris de l'ermite.

Un jardin et sa fontaine, par Al-Hariri

Le calife ne l'eut pas sitôt entendu qu'ils descendit de cheval, et se prosterna en terre pour remercier Dieu de ce qu'il lui avait plu le destiner pour l'auteur d'un si grand ouvrage. Tous ceux qui l'accompagnaient furent fort surpris, ne sachant quel rapport il pouvait y avoir entre les noms d'*Abu Jaafar* et d'*Al-Mansur*, que portait le calife, et celui de *Moclas*, cité par l'ermite. Al-Mansur les tira de peine, en leur racontant que, dans sa jeunesse, il avait un jour pris un bracelet à sa nourrice pour acheter des provisions pour lui et ses frères, étant dans le besoin ; et que depuis ce temps-là cette femme l'appela toujours Moclas, nom d'un fameux voleur alors très connu dans le Khorasan. Il ajouta qu'il reconnaissait à ce nom que Dieu l'avait destiné à cette entreprise, et qu'il ne voulait point choisir d'autre situation pour sa nouvelle ville, que le lieu où il se trouvait.

Trois années et les efforts de 100 000 artisans sont nécessaires

Mais les auteurs arabes rapportent les circonstances de la fondation de cette ville d'une manière fort différente. Le lieu où se situe à présent Bagdad n'était, selon Abu Djafar Al-Tabari, qu'une belle plaine, où l'on ne voyait, avant la fondation de la ville, que la cellule d'un moine, qui s'appelait Bag-Dad. C'est de lui que la ville prit son

Le monde pittoresque

nom, suivant cet auteur et Eurychius. D'autres cependant assurent que ce moine, qu'ils nomment *Dad*, avait un beau et grand jardin joignant sa cellule, et que la ville prit le nom de *Bagdad*, signifiant *le jardin de Dad*.

En 149 de l'Hégire, la ville de Bagdad (on trouve ce nom écrit et prononcé de plusieurs manières différentes : Bagdaz, Bagdan, Bagdin, Magdan), capitale de l'empire musulman, fut achevée. On avait eu recours aux services de 100 000 architectes, maçons, charpentiers, forgerons et ouvriers pour en achever la construction. On assure que la partie située sur la rive occidentale du Tigre coûta au calife quatre millions de pièces d'or, quoique, selon Abulfarage, il eût fait démolir une partie de la Tour blanche ou Citadelle de Madain, et qu'il en eût fait servir les matériaux à sa nouvelle ville. Quant aux portes d'airain, on les avait fait venir de Vasit. L'enceinte de Bagdad était parfaitement ronde, fermée d'une double muraille, et flanquée de plusieurs tours. Le château qui était au milieu la commandait de tous côtés. Le calife donna à sa nouvelle capitale le nom de *Medinat Al Salam*, signifiant *le séjour de la paix*, soit par allusion à celui de Jérusalem, soit parce qu'il avait pacifié son Empire, et qu'il n'y avait presque point de nation dans l'Asie qui ne lui fût soumise ou tributaire.

On dit qu'il y avait dans cette ville vingt-quatre mille quartiers, dans chacun desquels il y avait une mosquée et un minaret avec un bain vis-à-vis ; plus de cent cinquante ponts traversaient les divers canaux arrosant la ville, et mettaient en mouvement quatre cents moulins à trois meules. Hors des murs on comptait trente mille fa-

Un palais à l'architecture ouvragée, par Al-Hariri

briques de poterie, quatre mille verreries, quatre mille cent forgerons. Chaque jour les cuisines du palais consommaient mille bœufs de choix, trois mille moutons engraissés, sans compter la volaille et autres viandes. Quatre cents marmites bouillaient continuellement ; cinq cents chasseurs et autant de pêcheurs étaient employés pour les provisions de chaque jour. Sur trente mille fours que possédait la ville, sept mille étaient affectés au service du palais. Ses environs étaient, dans un rayon très étendu,

Des ambassadeurs grecs en visite à Bagdad

L'historien Hibet Allah Muhammed el-Diri, dans son ouvrage intitulé *le Ruisseau limpide de l'immense Océan*, après avoir énuméré, d'après un autre écrivain, les magnificences et les curiosités de Bagdad, ses murailles habilement construites, ses portes, les sept enceintes du palais situé au milieu de la ville, raconte que deux ambassadeurs grecs envoyés par l'empereur de Constantinople, étant arrivés à Bagdad, on leur fit, suivant le cérémonial usité, attendre un mois leur admission au palais, en leur rendant tous les honneurs dus à des hôtes.

Le jour de l'introduction arrivé, des concierges et autres gens remplirent les cours du palais. Dans la première, on voyait cent lions enchaînés ; dans la seconde, cent girafes ; dans la troisième, cent éléphants ; dans la quatrième, cinq cents chevaux magnifiques avec leurs palefreniers et les kornaks des éléphants ; la cinquième était remplie d'oiseaux de proie et d'autres animaux dressés pour la chasse, sans compter une infinité d'oiseaux rares au plumage magnifi-

que ; dans la sixième se tenaient les vizirs et les écrivains, couverts, chacun selon son rang, de riches habits de soie, de pierreries et d'armures rares. Enfin, dans la septième se trouvait le trône du calife, autour duquel se tenaient sept pages d'une figure charmante, portant sur leur tête des candélabres brillants comme le soleil. En entrant dans chaque nouvelle cour, les ambassadeurs cherchaient avec inquiétude le trône du calife ; arrivés enfin au dais sous lequel il était, ayant baisé la terre et présenté leurs hommages et les lettres de Constantin, le principal ambassadeur eut occasion de donner mille éloges aux palais, aux murailles, à la forme circulaire de Bagdad.

Toutefois il s'étonna que les eaux d'un grand fleuve ne vinssent pas embellir encore une aussi magnifique cité. Un vizir lui répondit aussitôt qu'on avait voulu éviter de changer la qualité de l'air en y mêlant des exhalaisons moins pures. Cependant le calife, frappé de cette remarque, ordonna que l'on retint encore un mois les ambassadeurs hors de la ville, et pendant ce temps il fit creuser un canal de dix coudées de large sur dix coudées de longueur, qui conduisait au travers de la ville les eaux du Tigre, enfermées entre des murs de larges pierres blanches. Les troncs des arbres qui couvraient les rives étaient revêtus de soie précieuse, et çà et là des oiseaux faisaient entendre leurs voix harmonieuses. Dans le palais, l'eau coulait sur un pavé de cristaux de mille couleurs ; les arbres et leurs feuilles étaient recouverts de l'or le plus pur, et portaient pour fruits des perles et des diamants. Des parfums de toutes sortes y avaient été répandus, et le souffle du vent dispersait çà et là leurs odeurs enivrantes. ■

cultivés par un nombre infini de jardiniers, en sorte que toutes les denrées y étaient à très bon marché. Du temps du calife Al-Mansur, la ville, sans compter les faubourgs, occupait plus de quatre-vingt mille arpents, possédait soixante mille bains, et autant de mosquées à cinq portes.

Al-Mansur dote sa ville d'une *Maison de la sagesse*

Ce fut ce calife qui fonda à Bagdad la *Maison de la sagesse*, lieu de rapprochement entre la philosophie et les sciences religieuses, où vinrent se réfugier les proscrits des écoles d'Athènes et d'Alexandrie. Cette grande université comportait une bibliothèque, ainsi qu'un centre de traductions et un centre de réunions. Les ouvrages les plus estimés de la Grèce et de Rome, Aristote et Galien traduits en syriaque, y furent apportés. La société musulmane hérita ainsi de la science antique, redécouvrant ce que les Byzantins avaient oublié depuis l'avènement du christianisme.

L'académie de Bagdad rivalisera d'éclat avec les écoles du monde entier, le zèle de connaître et d'approfondir ne faisant qu'augmenter. Dans cet essor, le livre jouera un rôle important, la maîtrise des procédés de fabrication du papier à partir de fibres de lin ou de chanvre — introduits sans doute par des chinois faits prisonniers à Samarcande — étant acquise. Les bibliothèques califales s'affirmeront comme étant des lieux décisifs

Scène de bataille, par Al-Biruni

Une bibliothèque, par Al-Hariri

dans la collecte, la diffusion, la copie et la traduction des ouvrages. Traversant les siècles, la *Maison de la sagesse* produira des savants remarquables, les califes successifs ouvrant leurs palais aux sciences et encourageant les études. ■

D'APRÈS...
> *Histoire universelle, depuis le commencement du monde jusqu'à présent (Tome 48)* paru en 1782

La destruction de Bagdad par les Mongols

Hulagu vint camper vis-à-vis d'une des portes de la ville, et dans une seule nuit les Mongols élevèrent un mur qui enfermait les côté oriental et occidental de la ville. Après avoir creusé de profonds fossés en dedans du mur et disposé leurs béliers et autres machines, ils commencèrent à battre la place. Le calife Musta'sim tenta de négocier, en vain. Le siège se poussait vigoureusement, et Hulagu fit tirer dans la ville des flèches, auxquelles on avait attaché des billets, par lesquels il promettait une entière sûreté aux Docteurs et à tous ceux qui ne portaient pas les armes, pour leurs personnes, leurs familles et leurs biens. Puis les Mongols forcèrent les murailles, et firent bonne garde du côté de la rivière, pour que personne ne pût se sauver par eau. Durant sept jours, ils pillèrent la ville avant de se retirer, Hulagu ordonnant que l'on fît mourir le calife et un de ses fils.

Certains historiens orientaux racontent que le prince mongol Hulagu avait commandé à ses généraux de marcher des deux côtés du Tigre pour assiéger Bagdad. Les Mongols, dont le nombre grossissait tous les jours, ravagèrent le pays à un tel point, qu'il fut bientôt absolument ruiné, en sorte qu'ils n'avaient pas même d'herbe pour leurs chevaux. L'armée Tartare, qui ne consistait qu'en cavalerie, n'ayant plus de quoi subsister, Hulagu se serait vu réduit à lever le siège et à se retirer honteusement et avec perte, s'il n'avait pu compter sur la trahison d'Atude Ebn Amram, esclave d'un gouverneur du voisinage. Caressant le projet de commander à Bagdad et dans les Etats du calife une fois la Maison des Abbassides défaite, il révéla à Hulagu l'existence de puits où l'on avait serré une prodigieuse quantité de grains. Le prince mongol put ainsi se rendre maître de Bagdad, qu'il pilla et ruina entièrement.

Enfin, d'autres historiens attribuent la ruine du calife à la perfidie de son premier vizir, Al-Kami : ce ministre, piqué pour une petite querelle de religion, fit licencier les troupes lorsque l'on n'en voyait pas le besoin, cachant à Musta'sim la force des Mongols et informant ceux-ci du moment le plus favorable pour marcher vers Bagdad. Le calife, aimant l'argent et tout livré à ses plaisirs, se laissa aisément persuader de désarmer. Refusant de quitter ses débauches malgré l'insistance des grands de sa cour, il se décida bien trop tard à rassembler en hâte dix mille hommes pour les envoyer en reconnaissance. Durant la nuit, les Mongols, profitant du manque d'organisation de l'armée du calife, coupèrent une des digues de l'Euphrate et inondèrent ainsi le camp ennemi. Les uns furent noyés, les autres taillés en pièces. Arrivant devant Bagdad avec le gros de son armée, Hulagu en forma le siège. Deux mois plus tard, il prit la ville, y mettant tout à feu et à sang, y pillant une infinité de richesses. Le calife Musta'sim fut pris avec un de ses fils, fut lié et traîné par toutes les rues de la ville, où il expira rapidement. Ainsi s'acheva le Califat, qui avait demeuré dans la Maison des Abbassides pendant cinq cent vingt ans. ■

D'APRÈS... *Histoire universelle, depuis le commencement du monde jusqu'à présent (Tome 48)* paru en 1782

Mode/Costume — XVe >>> XIXe

LA CRAVATE : adulée par les militaires, décriée par les Révolutionnaires

Si l'on trouve trace chez le peuple romain du recours au *focal* pour se protéger la gorge du froid, les Gaulois n'en usèrent point, et nos ancêtres ne découvrirent l'art de s'emprisonner le cou qu'à l'avènement du roi Louis XI, la chemise se prolongeant alors par une collerette. Mais la cravate serait véritablement née sous Louis XIII, une troupe de cavaliers nouvellement formée s'inspirant alors de l'uniforme croate qui comprenait une pièce d'étoffe appliquée au cou. Gagnant la faveur des femmes en 1692, elle saura même, en 1796, vaincre l'opprobre des Révolutionnaires.

Selon Ménage, le mot *cravate* serait une corruption de *carabatte*, sorte de collet particulier à l'usage des carabins. Les Carabins étaient les corps de cavaliers qui remplacèrent les argoulets et les reîtres, et qui, au lieu de l'arquebuse courte et de la masse, furent armés du pistolet et de l'escopette ou carabine.

Le nom de « cravate » : un hommage à l'uniforme croate ?

D'après Furetière, la cravate ou plutôt *le* cravate (le mot fut d'abord du genre masculin), doit son origine aux Cravates ou Croates que, sous le règne de Louis XIII, Rantzau et Gassion introduisirent dans l'armée française. On avait remarqué, dans l'uniforme croate, un certain ajustement adapté au cou, d'un tissu commun pour les soldats, de mousseline ou d'étoffe de soie pour les officiers. Cette pièce d'étoffe faisait le tour du cou, revenait se nouer en rosette par devant, et laissait tomber gracieusement sur la poitrine deux bouts, tantôt unis, tantôt garnis d'un gland ou d'une houppe. Cet ajustement fut adopté pour la troupe des cavaliers nouvellement formée, et le nom qui le désignait servit à désigner les soldats eux-mêmes. Le nom de *Royale-Cravate* s'appliqua à l'un des régiments les plus renommés de l'armée française, qui ne disparut qu'après le licenciement de ses soldats par la Révolution. Cette dernière étymologie semble assez plausible. En tout cas, elle est très ingénieuse, et paraît plus vraie que celle de Ménage.

Royal-Cravates en 1664

Si l'on voulait fouiller l'Antiquité pour rechercher un objet qui ressemblât à la cravate, on ne trouverait rien qui ait précédé le *focal* des Romains, consistant en une longue pièce d'étoffe fixée au cou par un coulant, et dont les deux bouts sont engagés dans la ceinture. Ce focal trouvait sa place tant dans le costume militaire que civil : il prenait alors la forme d'un linge plissé qu'on mettait autour du cou. Guillaume Adam, dans son ouvrage sur les *Antiquités romaines* (paru en 1724), nous apprend que les Romains faisaient usage de *mentonnière*, pour se garantir la gorge et le cou du froid, et les *focalia* étaient souvent employés par les orateurs qui, par état, se mettaient en garde contre les rhumes et les maux de gorge. De cet usage on a conclu que le focal dérivait de *fauces*, gorge. Quelques Romains employaient, pour remplacer le focal, un mouchoir qui enveloppait le cou. En général, à Rome, la qualité d'homme et la dignité de citoyen n'admettaient aucun vêtement accessoire pour garantir le cou ; par exception seulement et en cas de mauvais temps, on s'enveloppait avec sa toge ou l'on appliquait la main sur sa gorge.

Mode/Costume

Il paraît démontré que, chez les Gaulois et chez les Francs, le cou demeura toujours nu. Ce fut seulement vers l'époque de Louis XI que la chemise dépassa le pourpoint et se mit à le déborder. Sous Charles VIII, Louis XII et François Ier, elle prit la forme d'une collerette ; puis, devenant plus longue, plus chargée d'ornements et divisée en plusieurs rangs, elle devint une collerette fraisée. Plus tard, la collerette devint elle-même un accessoire indépendant et s'appela la collerette à tuyaux, ou « fraise godronnée ».

Sous le règne de Louis XI, la nudité du cou trouve un palliatif

Sous Charles IX et Henri III, la fraise jouit de la plus large faveur et fut ornée et relevée de mille manières ; son succès dura jusqu'au règne de Henri IV, époque où elle fut remplacée presque complètement par les collets rabattus ou rabats. Ceux-ci, fixés au cou par des cordons garnis de gros glands, firent à leur tour place à la cravate de ruban ou de dentelle sous le règne de Louis XIII. Au temps de Louis XIV, où l'habillement subit les plus profondes modifications, où au pourpoint succédèrent le justaucorps et la veste, le vêtement du cou fut la cravate augmentée de dimension pour répondre à l'importance du rôle qu'elle allait jouer dans le costume. La dentelle se mêla et se maria à tous les accessoires de la toilette, aussi bien pour les femmes que pour les hommes ; aussi elle servit à former des tours de manches, des poignets, des mouchoirs de cou et des cravates.

En 1692, la victoire de Steinkerque donna aux cravates de dentelle un renom et une popularité sans exemple dans l'histoire des objets de la toilette. L'auteur du *Siècle de Louis XIV* nous en parle dans ces termes : « La victoire, due à la valeur de tous ces jeunes princes et de la plus florissante noblesse du royaume, fit à la cour, à Paris et dans les provinces, un effet qu'aucune bataille gagnée n'avait fait encore. M. le Duc, M. le prince de Conti, M. le prince de Vendôme et leurs amis trouvaient, en s'en retournant, les chemins bordés de peuple. Les acclamations et la joie allaient jusqu'à la démence. Les hommes portaient alors des cravates de dentelle qu'on arrangeait avec assez de peine et de temps. Les princes s'étant habillés avec précipitation pour le combat, avaient passé négligemment ces cravates autour du cou, les femmes portèrent des vêtements faits sur ce modèle : on les appela des steinkerques. »

Les steinkerques passèrent le détroit et firent fureur, non seulement en France, mais en Angleterre, notamment en point d'Alençon ou de Malines. « J'avais une steinkerque de

Royal-Cravates en 1761

Malines », écrit le délicat et efféminé abbé de Choisy. Un an après la mode des steinkerques, et peut-être grâce à cette mode, on prit l'habitude d'ajouter au col de la chemise un long ruban qu'on appela *chaconne*. Ce ruban tombait plus bas que la cravate et flottait hors de l'habit que l'on laissait déboutonné exprès sur le haut de la poitrine. Vers l'année 1750, la cravate est composée d'une pièce de linon et de mousseline dont les bouts très larges pendent par devant. Le désir de couvrir la chemise sur toute la longueur du de-

Gentilhomme vers 1595 (Recueil de Gaignières, tome X)

Le col de chemise devient fraise godronnée !

Dans Les *Lois de la galanterie française*, paru en 1644, on peut lire un passage retraçant avec quelques interversions les vicissitudes de l'habillement du cou depuis Henri IV :

« L'on doit avoir esgard à ce qui couvre le corps, et qui n'est pas seulement establi pour le cacher et garder du froid, mais encore pour l'ornement. Il faut avoir le plus beau linge et le plus fin que l'on pourra trouver. L'on ne sçauroit estre trop curieux de ce qui approche si près la personne. Quant aux habits, la grande règle qu'il y a à donner, c'est d'en changer souvent et de les avoir toujours le plus à la mode qu'il se pourra. Il faut prendre pour bon Gaulois et gents de la vieille cour ceux qui se tiennent à une mode qui n'a plus de cours, à cause qu'elle leur semble commode. Il est ridicule de dire : Je veux toujours porter des fraises parce qu'elles me tiennent chaudement ; je veux avoir un chapeau à grand bord d'autant qu'il me garde du soleil, du vent et de la pluie ; il me faut des bottes à petites genouillères, parce que les grandes m'embarrassent. C'est n'entendre pas qu'il faut se captiver un peu pour estre tousjours bien mis. Ne dit-on pas qu'il ne faut pas penser avoir toutes ses aises en ce monde ?

« L'on a beau dire qu'il n'est rien de si inconstant que le François ; que tantost il porte des chapeaux hors d'escalade et tantost de bas, tantost de grandes basques et tantost de petites, des chausses longues et courtes ; que la description de cette bizarrerie ayant esté faicte par quelqu'un en ce qui est des collets, l'on a dit qu'au lieu que nos pères en portoient de petits tout simples ou de petites fraizes semblables à celles d'un veau, nous avons au commencement porté des rotondes de carte forte sur lesquelles un collet empesé se tenoit estendu en rond en manière de théâtre ; qu'après l'on a porté des espèces de peignoirs sans empeser, qui s'estendoient jusqu'au coude ; qu'ensuite on les a rognés petit à petit pour en faire des collets assez raisonnables, et qu'au mesme temps l'on a porté de gros tuyaux godronnés, que l'on appeloit encore des fraizes, où il y avoit assez de toile pour les ailes d'un moulin, et qu'enfin, quittant cet attirail, l'on est venu à porter des collets si petits qu'il semble que l'on se soit mis une manchette autour du col : ce sont de belles pensées que l'on se forme pour exprimer le changement d'un contraire à l'autre ; mais quoique cela soit pris pour une censure de nos coutumes, nous ne devons pas laisser de garder notre variété comme la plus divertissante chose de la nature. » ■

Mode/Costume

vant donne naissance au jabot.

Après la paix de Hanovre M. de Choiseul impose à toute l'armée le col militaire fait en crin, garni intérieurement de baleines et bouclé par derrière. Le public emprunte à l'armée ce col large et embarrassant : il l'entoure et le garnit de mousseline, mais le col n'en est ni moins rigide ni moins incommode. C'est de cette époque que date un supplice spécial, renouvelé de l'Inquisition et connu sous le nom de supplice du *carcan*, et c'est seulement avec le règne de Louis-Philippe que les dernières traces de cette torture s'effacent et disparaissent. Vers 1789 l'usage de la cravate se développe ; des professeurs attitrés formaient la jeunesse à cette démarche qui consistait à annoncer l'arrivée de l'élégant par le bruissement de ses breloques et lui enseignaient l'art de mettre sa cravate : c'était les *maîtres d'agrément*. Pendant la Révolution, le peuple de Paris supprima l'usage de la cravate. Les sans-culottes auraient pu aussi bien s'appeler les « sans cravates ».

Mises de côté durant la Révolution, les cravates font un retour fracassant

En revanche, après 1796, on usa et on abusa de la cravate ; on l'employa, on la prodigua avec un excès qui dépassait toute croyance, si les *Incroyables* ne nous avaient laissé leurs curieux portraits. Les uns s'enveloppèrent le cou avec des pièces de mousseline, les autres avec un coussin piqué sur lequel ils appliquaient encore plusieurs mouchoirs. Le collet de la chemise montait, se découpant en festons plus ou moins étranges, jusque par delà les oreilles, et les bords supérieurs de la cravate, garnis de mousseline ou de soie, couvraient le menton et quelquefois la bouche jusqu'à la partie inférieure du nez. Sous l'Empire, la cravate officielle rappelle celle de l'ancienne noblesse. A la cérémonie du sacre, Napoléon Ier portait la cravate royale à flot de points d'Alençon, qui dépassait un petit col dentelé à la François Ier. Après l'Empire, il semble que l'esprit militaire se survive dans l'ajustement de la cravate, et on retrouve la cravate du soldat appliquée au costume civil.

Mais le goût du public ne tarde pas à se fatiguer de ce modèle de cravate qui ressemble plutôt à un uniforme qu'à un ornement de toilette et la cravate redevient un accessoire important du costume. On peut dès lors distinguer deux genres de cravates : la courte et la cravate longue. Cette dernière se fait remarquer par de larges pans qui tombent du nœud fixé sur le milieu du cou et viennent ou s'étendre ou dessiner des plis ou bouillons variés sur la poitrine.

Les Incroyables : victimes de la mode

Au sortir de la Terreur, plus de six cents bals publics témoignent à quelle joie folle se laissa emporter la population. A huit heures, on ne voyait plus que robes blanches dans les rues. De toutes les portes sortaient de jeunes femmes qui s'acheminaient vers le bal, ainsi vêtues même pendant les mois d'hiver. On renoua connaissance, dans un certain monde, avec les plumes, les hautes soieries, avec les bijoux.

Les *Incroyables*, qui payaient leurs habits encore très cher, ne furent pas autre chose que les fashionables de l'époque du Directoire. Entre toutes les générations d'hommes qui se sont voués au culte de la mode, celle-ci occupe une place à part qu'elle dut à l'étrangeté de ses goûts. Ce n'est pas la recherche du beau bien ou mal entendu qui occupa l'Incroyable. Non ; il travailla au contraire à se donner, de propos délibéré, les apparences d'un être disgracié de la nature et du sort. Il avait en tout temps d'énormes lunettes sur le nez ou le binocle devant les yeux, comme s'il était affecté de myopie. Ses cheveux, abattus le long des tempes, en oreilles de chien, étaient relevés par derrière pour former un chignon retenu par un peigne courbe, à l'instar des condamnés que l'on conduisait naguère à la guillotine. D'immenses anneaux, passés dans ses oreilles, l'auraient fait prendre en Turquie pour un serviteur de sérail. Sa vaste cravate, dans laquelle tombait son menton, semblait cacher un goitre ou des écrouelles. Plus de jabot ni de manchettes. De la chemise, son gilet ne laissait voir que la place où était fichée une épingle d'or à tête de bijouterie.

Il exigeait de son tailleur que son habit, un habit carré presque de la forme d'une redingote, fît des plis partout, que lorsqu'il l'aurait sur le corps, son dos produisît l'effet de celui d'un bossu ; il fallait de même que sa culotte godât tout du long et lui procurât des genoux de cagneux, et que ses bas à raies horizontales fussent tournés en tire-bouchons autour de ses jambes. Des bottines ou des escarpins à bout pointu et relevé, comme des anciennes chaussures à la poulaine, complétaient cette mise biscornue. ■

Mode dite des *Incroyables*

Dès 1825 il y a de nombreuses manières différentes de mettre la cravate : le mail-coach, le trône d'amour, la cravate de bal, le collier de cheval, la cravate à l'orientale, la cravate mathématique, la cravate à la Byron, à l'irlandaise, la cravate à la Marat, la cravate à l'américaine, la cravate à la Bergami, la cravate de chasse ou à la Diane, la cravate à la gastronome, etc. A partir de 1830, le règne de la cravate est déjà miné, d'une part par l'invasion de la chemise qui tend à se montrer de plus en plus, d'autre part par le progrès d'un ajustement nouveau, plus facile à revêtir, moins coûteux et moins élégant : le col ou col-cravate. Jusqu'en 1840, la cravate est un large carré de soie ou de satin de gros grain uni ou de couleur.

Vers 1846 apparaît une nouvelle cravate dite *de Joinville*, qui fait deux fois le tour du cou, forme un gros nœud sur le col de la chemise et laissant tomber des deux côtés des bouts frangés. A partir de 1848, la cravate se porte moins longue et prend des noms différents, tels que ceux de collier, d'écharpe, de Windsor. ■

D'APRÈS... **Histoire du costume en France** paru en 1875

D'APRÈS...
> **Le travail en France** paru en 1889

Plantation du MAI : une coutume aux racines ancestrales

Cette coutume, dont l'origine se perd dans la nuit des temps, consistait chez les Égyptiens en la plantation de rameaux verts devant la porte de hauts dignitaires. Marque de respect, elle s'est propagée dans nombre de contrées, évoluant au fil des siècles : planté au pied du château seigneurial au Moyen Age, l'arbre de mai investit le palais de Justice de Paris durant la Renaissance, se voyant également adopté par certains galants voulant combler leurs belles.

L'usage de planter le mai se rapporte, sans aucun doute, à celui qui, de temps immémorial, a fait regarder la verdure comme une marque de réjouissance, et par suite duquel on s'est accoutumé à offrir des branches d'arbres de différentes espèces aux personnes que l'on voulait honorer.

Pourquoi avoir choisi le mois de mai ?

La naissance de la verdure et des fleurs se liait involontairement, dans la pensée des hommes, à l'idée de la justice et du pouvoir. Il en résulta que ceux qui se trouvaient dans la dépendance de quelque supérieur, prirent l'habitude de planter des rameaux verts devant la porte de sa maison, comme une marque de leur respect. Cet usage, d'abord laissé au caprice des individus, ne tarda pas à se régulariser, et le mois de mai y fut plus particulièrement consacré. Nous lisons dans les Fastes d'Ovide, que le mot *majus*, nom latin de ce mois, vient de *majores*, anciens, juges, législateurs. Dès lors, la plantation d'un rameau vert devant la porte des personnes que l'on voulait honorer, existait.

En approchant des temps modernes, nous trouvons l'usage de planter le mai adopté chez presque tous les peuples, avec certaines modifications causées par la différence de leurs mœurs. En Italie, les jeunes gens plantent le mai devant la porte de leurs maîtresses. Cet usage n'est pas moins ancien que ceux dont nous venons de parler, car on lit dans Athénée : « Ils couronnent les portes de leurs amantes, pour les honorer, comme on couronne la porte des temples consacrés aux dieux. »

Une coutume médiévale prenant des allures festives

En France, la coutume la plus généralement reçue, était de planter le mai devant la porte du château du seigneur

de la paroisse, ou devant celles des personnes à qui l'on voulait donner une marque particulière de respect, quoique dans plus d'un endroit on ait aussi adopté l'usage de le planter en l'honneur de la personne aimée. Les mais étaient le plus souvent des peupliers. Dans certaines villes, on en faisait des mâts de cocagne qu'on lissait avec de la graisse ou du savon et auxquels on accrochait des saucissons, des chapons, des foulards et des mouchoirs de poche. En d'autres contrées on dansait autour de l'arbre.

D'anciens titres nous le font voir en vigueur dès le treizième siècle : ainsi, une charte d'affranchissement donnée par un certain Ingelrannus à la ville de la Fère en 1207, autorise les habitants à couper dans les bois seigneuriaux les arbres dont ils peuvent avoir besoin pour le mai. Plus tard, en 1270, l'abbaye de Saint-Germain de Paris défendait aux habitants de Chastenet d'aller couper des mais dans les forêts abbatiales. On assure que le roi de la Basoche ayant aidé le roi François Ier à pacifier, en 1547, des troubles survenus en Guyenne, obtint de ce monarque, entre autres privilèges, celui de faire couper tous les ans deux arbres dans une des forêts royales, pour élever un mai dans la cour du palais. C'était dans la forêt de Bondy que la Basoche allait en corps, un dimanche du mois d'avril, désigner deux arbres qu'elle choisissait.

Dans la grande cour du palais de Justice de Paris, ap-

Plantation du mai, d'après un dessin de N. Jefferys

pelée Cour-du-Mai, les clercs de la Basoche, jusqu'au XVIIIe siècle, y ballaient et chantaient pour la fête du printemps. Vingt-cinq d'entre eux, vêtus de rouge, à cheval et suivis de musiciens, faisaient, durant plusieurs jours, une procession dans Paris, donnant des aubades aux premiers magistrats de la Cité ; puis ils se rendaient en bel arroi dans la forêt de Bondy, y marquaient trois chênes et en coupaient un qu'ils venaient planter au bas du grand escalier du palais, dans la Cour-du-Mai, et autour duquel ils menaient leurs rondes fort avant dans la nuit. La ville d'Evreux était une de celles où la plantation du mai était accompagnée des cérémonies les plus singulières, et dont l'antiquité remonte aux premiers siècles de la monarchie.

Le respect, notion présente dans toutes ces cérémonies

Ailleurs, le mai pouvait ne servir qu'aux fiancés. C'était alors un simple rameau d'acacia ou de troène fleuri, que les galants venaient planter le matin devant la fenêtre de leurs belles. Il y attachaient quelques menues offrandes, des épingles ou des rubans, et chantaient d'une façon de ritournelle rustique où défilaient les douze premiers jours du mois :

Des omelettes pour le retour du soleil ?

Il paraît qu'autrefois, dans un village des Hautes-Alpes, nommé Les Andrieux, lorsque, après cent jours d'éclipse, le soleil reparaissait enfin sur l'horizon en mai, quatre bergers postés sur la place annonçaient sa résurrection au son des fifres et des cornemuses.

Dans chaque ménage, raconte un annaliste local, on avait confectionné des omelettes, et tous les habitants, leur plat à la main, accouraient vers les sonneurs. Autour du plus âgé des habitants, décoré pour la circonstance du titre de « vénérable », s'enroulait une farandole que les sonneurs conduisaient jusqu'à un mont voisin. Le « vénérable » tenait son omelette élevée au-dessus de sa tête ; chacun déposait la sienne sur les parapets du pont ; puis les danses commençaient jusqu'à ce que le soleil eût inondé le village de ses rayons.

Le cortège retournait alors dans le même ordre sur la place et reconduisait le « vénérable » jusqu'à sa porte. Chacun rentrait chez soi et l'on mangeait les omelettes en famille. Au soir, les jeux et les danses recommençaient et se prolongeaient bien avant dans la nuit. ■

D'APRÈS... *Fêtes et coutumes populaires* paru en 1911

Trimazos et Rogations en mai

Une coutume des plus curieuses du mois de mai, c'est en Lorraine qu'il faut l'aller chercher. On y appelle *trimazos* trois jeunes filles vêtues de robes blanches, parées de rubans et de fleurs, qui, le 1er mai, viennent chanter et danser devant chaque maison pour célébrer le retour du printemps. Dans certaines localités, le ruban qui orne leur corsage est disposé de manière à former un triangle. Leurs chants, dont les refrains sont répétés par toute la troupe joyeuse qui les suit, sont aussi appelés *trimazos*. Ces *trimazos* sont, d'ordinaire, des chants pieux, analogues aux noëls. Au dernier couplet, les jeunes filles font le tour de l'assistance. Donne qui veut et ce qu'il veut ! Tel y va d'une pièce d'argent et tel d'un humble sol. Nos *trimazos* acceptent même les dons en nature, beurre, œufs, volailles, qu'elles revendent ensuite et dont elles consacrent le produit à décorer l'autel de la Vierge.

La fête religieuse des Rogations, particulière à nos campagnes et se déroulant au mois de mai, fut instituée en l'an 474 par saint Mamert, évêque de Vienne en Dauphiné, « pour attirer la protection de Dieu sur les biens de la terre dauphinoise ». Quelques années plus tard (511), le concile d'Orléans généralisait la pieuse décision et en étendait le bénéfice à la France tout entière. Les Rogations (du latin *rogare*, prier) se célèbrent pendant les trois jours précédant l'Ascension ; le clergé de chaque paroisse, bannière en tête, parcourt les champs et les prés, suivi d'une foule recueillie, et bénit les moissons naissantes. Le programme de cette belle fête est le même partout en France, sauf en Rouergue et en Franche-Comté où, après le passage de la procession, il est d'usage que chaque propriétaire ou locataire d'un champ planté, dans ledit champ, une petite croix de frêne ou de noisetier faite de deux branches entrelacées. En Vendée, la croix est remplacée par une tige d'aubépine, verdoyante amulette dont la présence, dit-on, suffit « pour empêcher que, plus tard, le blé engrangé se mette à germer ». ■

D'APRÈS... *Fêtes et coutumes populaires* paru en 1911

Le premier jour du mois de mai,
Que donnerai-je à ma mie ?
Une perdriole,
Qui va, qui vient, qui vole,
Une perdriole,
Qui vole dans le blé.

Les célèbres processions de la Fête-Dieu d'Aix se terminaient aussi par la plantation de mais. Dans la nuit du samedi au dimanche, après le jour de la Fête-Dieu, le roi de la Basoche, accompagné de ses bâtonniers et du capitaine de ses gardes, allait au son des violons faire planter des mais, au palais, au gouvernement, à l'archevêché, aux hôtels du premier président, de l'intendant, du président à mortier, et enfin chez le roi de la Basoche lui-même. Ces mais étaient fort élevés ; on les garnissait de buis que l'on entourait d'une sorte de rubans peints en bleu et en blanc, couleurs de la basoche. On formait dans le haut du mai trois faces de grandeur convenable pour y placer, sur l'une, les armoiries du seigneur chez qui on plantait, sur l'autre celles du roi de la Basoche, et sur la troisième celles de la Basoche. On laissait ces mais en place vingt-cinq à trente jours. Dans plusieurs villes, et notamment dans le Midi, les tambours et garçons de ville allaient aussi, la nuit du 30 avril au 1er mai, donner une aubade aux magistrats et aux habitants les plus distingués. Dans d'autres c'étaient les ouvriers de certaines professions qui saluaient ainsi les personnes qu'ils voulaient honorer. ■

D'APRÈS...
> *Traités particuliers relatifs à l'Histoire de France* paru en 1838

Allaitement d'enfants par des ÂNESSES en 1892

De tous les allaitements artificiels essayés jusqu'à ce jour, écrit en 1892 un chroniqueur du *Magasin pittoresque*, je ne dirai pas le plus efficace mais le plus pittoresque, est à coup sûr celui qui est actuellement essayé à l'hospice des Enfants-Assistés, rue Denfert-Rochereau, à l'instigation du docteur Parrot, et qui va être entrepris sur une plus vaste échelle, l'année prochaine, à Châtillon, ou l'on construit une nourricerie plus vaste et située en meilleur air. C'est qu'il ne s'agit plus de biberon, de lait de vache ou de chèvre, mais de l'allaitement direct par de belles ânesses.

Les ânesses ont une patience toute maternelle

La raison du choix de l'ânesse est toute simple. La vache peut devenir phtisique, l'ânesse non. Encore une supériorité pour l'espèce asine, encore une vertu chez cette « bonne créature » dont La Fontaine parle avec tant de tendresse ! Je ne pouvais m'empêcher de faire à ce sujet quelques réflexions tandis que les filles de service de l'hospice, patientes et douces, et fort avenantes dans les blancheurs de linge de leurs coiffes, fichus et larges manches, présentaient les nourrissons à leurs nourrices à quatre pattes qui, patiemment, les laissaient prendre à bouche-que-veux-tu leur nourriture. Car elles se laissent faire avec une patience toute maternelle, les ânesses rondes au poil bourru qui habitent l'étable claire et sentant bon la provende et la litière fraîche.

Le spectacle de cet allaitement serait infiniment amusant s'il ne s'agissait de pauvres enfants, dont la moitié au moins est à peu près condamnée, et, en tout cas, disputée à la mort. Aussi, n'a-t-on ménagé aucune précaution pour les y arracher. Chaque fille de service a deux nourrissons seulement à veiller, changer, faire nourrir. Toutes les deux heures, l'enfant va voir sa mère nourrice. Il est immédiatement pesé après, afin de constater la quantité de lait qu'il a pu prendre. Le chiffre est marqué sur un tableau que les médecins consultent à leur visite.

Quel est maintenant le résultat de cet allaitement pratiqué sur des enfants délicats et pis que délicats, portant le germe de tout ce qui conduit à la mort ? On en sauve, cependant, une partie. Il est vrai qu'au bout de trois mois de lait d'ânesse exclusif, on les met à une nourriture plus fortifiante, du lait de vache, qui est celui qui se rapproche le plus du lait féminin. Lorsque la nourricerie sera installée à Châtillon, on espère en sauver davantage. Il sera curieux, dans quelques années, conclut notre chroniqueur, de voir si les nourrissons de l'ânesse ont gardé quelques-unes des qualités de la mère nourrice. Je dis qualités et non défauts : l'endurance au mal, la patience et la douceur. On leur passera bien quelques ruades à ce prix-là. Certes, il leur vaudra mieux tenir de l'âne que de la louve comme les féroces jumeaux latins Romulus et Remus, ou de la chèvre Amalthée, comme Jupiter à qui, quoique dieu mythologique, il est permis de reprocher au moins une âme un peu capricieuse. ■

D'APRÈS...
> *Le Magasin pittoresque* paru en 1892

L'allaitement des enfants par les ânesses à l'hospice des Enfants-Assistés

Trop de chiens dans les églises ?

Une délibération capitulaire de Notre-Dame de Rouen du 20 août 1433 et issue des Archives départementales de la Seine-Inférieure rapporte : « Le service divin est troublé par les aboiements des chiens ; à l'avenir, les chanoines et les chapelains s'abstiendront d'en amener avec eux au chœur ou au chapitre ». Il semble par ailleurs qu'au milieu du XVIIIe siècle, l'archevêque de Trèves ait lancé une défense formelle d'introduire des chiens dans les églises, surtout aux heures des cérémonies. Jadis, tout curé avait son chien, et celui-ci accompagnait son maître lorsqu'il se déplaçait pour prendre part à des offices dans d'autres localités. Très probablement le chien entrait aussi dans l'église.

Une affiche en date du 24 juillet 1749 porte une gravure sur bois représentant le Christ sur la croix au-dessous de laquelle on peut lire : « Le respect que l'on doit à Dieu et la Sainteté de son Temple devraient suffire à des Chrétiens pour ne pas mener des chiens à l'Église, et ne pas souffrir qu'ils les y suivent. Le Saint-Esprit ordonne expressément dans l'Apocalypse, de les chasser de la maison de Dieu, et d'en ôter tous les scandales. Ces animaux remplissent le Lieu Saint de leurs ordures, et d'un bruit qui trouble la piété des Ministres et des Fidèles. Chose scandaleuse de voir des Chrétiens en présence de Jésus-Christ, tandis que les Anges sont devant lui dans un profond abaissement. Mais si, nonobstant cet avis, ceux à qui il s'adresse, continuent à commettre une semblable profanation, ils ne trouveront pas mauvais qu'on chasse leurs chiens, et même qu'on les fasse tuer hors de l'Eglise. » ■

Inventions/Découvertes   Antiquité >>> XVIIIe

Si la France m'était contée…

Premier **souffle**
VOITURE à vapeur
après **18 siècles** de gestation

Mise au point par Cugnot en 1769, la voiture à vapeur est l'aboutissement d'études entreprises dix-huit siècles plus tôt. Elle doit sa genèse, lente et semée d'embûches, à plusieurs hommes de génie, de Héron d'Alexandrie qui met en évidence en 120 avant J.-C. les effets de la vapeur d'eau grâce à son éolipyle, à Joseph Cugnot et son fardier à la fin du XVIIIe siècle, en passant par Salomon de Caus ou Denis Papin.

La plupart des écrivains qui se sont occupés de l'histoire de la machine à vapeur, ont placé dans l'Antiquité le berceau de cette invention. Cependant la machine à vapeur est d'origine moderne, même si l'on soupçonne avec quelque fondement qu'Archimède n'ignorait pas les propriétés de la vapeur, et s'il est certain que Héron, qui florissait un siècle après Archimède, s'était aperçu de la force de réaction de cette vapeur.

Les propriétés de la « vapeur » mises en évidence par Héron

C'est en effet à ce savant de l'École d'Alexandrie qui vivait 120 ans avant l'ère chrétienne, que nombre d'auteurs modernes rapportent l'honneur d'avoir inventé et construit la première « machine à vapeur » connue, son premier traité, intitulé *Spiritalia*, renfermant la description d'une série d'appareils destinés à manifester certains effets curieux de l'air et de l'eau, dont le célèbre éolipyle. Les matières y sont exposées sans ordre et sans liaison logique : aucune explication, aucune théorie, ne s'y trouvent jamais invoquées. Héron ne voyait dans la vaporisation d'un liquide que sa transformation en air, erreur qui se prolongea au demeurant longtemps après lui.

Sous le règne de Justinien (527-565), un moine grec fit cuire en moins d'une heure trois bœufs entiers nécessaires à la nourriture d'un corps de troupes qui était venu camper sous les murs de son monastère. Le moine passa pour un sorcier, et sa conduite fut déférée à l'empereur et au patriarche de Constantinople. Il se justifia si bien, et les procédés qu'il avait employés pour nourrir les défenseurs de la patrie parurent si orthodoxes, qu'il fut nommé peu de temps après évêque de Césarée. Dans ce poste éminent, il put se livrer tout à son aise à la culture de l'astronomie et de la physique sans craindre de nouvelles persécutions. Ce moine connaissait-il la vapeur, et fut-ce grâce à elle qu'il devint évêque ?

Regain d'intérêt pour les effets de l'eau échauffée, au XVIIe siècle

Quoi qu'il en soit, la vapeur et ses effets tombèrent dans l'oubli, et les vues erronées étaient encore professées au XVIe siècle. C'est au commencement du XVIIe qu'un Français, Salomon de Caus, s'intéressa à l'étude des forces mettant en jeu des machines. Né en Normandie en 1576, il reçut de son père, qui avait servi avec distinction dans la marine militaire, une éducation brillante dont il ne profita qu'à moitié, son génie l'appelant vers des sciences fort peu cultivées dans les écoles de ce temps-là. Aussi, abandonnant dès l'âge de seize ans les poètes et les orateurs de l'Antiquité, les jésuites, ses maîtres et le collège, alla-t-il à Bayeux auprès d'un vieil ingénieur des vaisseaux du roi, nommé Pierre de Vaterville, ami de son père, qui lui donna les premières leçons de mathématiques.

Quittant la Normandie, il séjourna quelque temps en Italie avant de passer en Angleterre, où la protection de l'ambassadeur de France lui valut un emploi chez le prince de Galles, ce dernier confiant à l'artiste français le soin de décorer les jardins de son palais. De Caus peupla de groupes mythologiques les jardins de Richmond. Tout le personnel de l'Olympe figurait dans les décorations de cette résidence célèbre ; des machines hydrauliques faisaient jaillir les eaux au milieu de ces statues allégoriques. En 1613, de Caus suivit la princesse Élisabeth en Allemagne, en qualité d'ingénieur et d'architecte : l'occasion pour lui d'entourer de jardins le nouveau palais. C'est là qu'il publia, en 1615, un ouvrage intitulé *Raisons des forces mouvantes*, dans lequel figure pour la première fois la descrip-

Héron fait l'expérience de l'éolipyle devant les savants de l'École d'Alexandrie

Inventions/Découvertes

Salomon DE CAUS, né en 1576, découvre la Vapeur en 1615, meurt en 1630.

tion d'un appareil propre à faire monter l'eau au-dessus de son niveau à l'aide du feu. Si cet ouvrage fait de Salomon de Caus le restaurateur de la vapeur oubliée depuis des siècles, elle ne le consacre pas véritable inventeur de la future machine à vapeur, la science de l'époque confondant avec l'air atmosphérique les fluides se dégageant des liquides en ébullition, et les notions acquises sur les effets mécaniques de la vapeur étant toujours aussi confuses.

Denis Papin propose le modèle de la première machine à vapeur

C'est Denis Papin qui vint ajouter un nouvel éclat à la découverte que Salomon de Caus n'avait fait qu'indiquer. Né à Blois en 1647 d'une famille considérée dans le pays et appartenant à la religion réformée, Papin fit des études médicales avant d'exercer sa profession à Paris, mais ne tarda pas à tourner exclusivement son esprit vers les travaux de physique expérimentale. Quittant Paris pour l'Angleterre en 1675, il se présenta peu après à Robert Boyle qui, ayant éprouvé avec succès la grande habileté de Papin dans la construction et le maniement des appareils de physique, lui ouvrit en 1680 les portes de la Société royale de Londres dont il était le fondateur.

En 1681, Denis Papin fit connaître pour la première fois, dans un ouvrage intitulé *Manière d'amollir les os et de faire cuire toutes sortes de viandes en très peu de temps*, l'appareil qui reçut en France le nom de *digesteur* ou de *marmite de Papin*. Après un séjour de deux ans à Venise où ses travaux lui acquirent une grande réputation, il se trouva à court de ressources financières : les portes de la France lui étant fermées par la révocation de l'édit de Nantes, il dut se résoudre à revenir en Angleterre où il fut fraîchement accueilli. C'est alors qu'il exécuta la première machine qui devait le mettre sur la trace de sa découverte des applications de la vapeur, en 1690.

Mais l'appareil qu'il mit au point ne démontrait que le principe de la force élastique de la vapeur et non le parti que l'on pouvait en tirer comme force motrice. Sans application immédiate dans l'industrie et dénuée d'un moyen propre à prévenir les explosions, la machine de Papin ne rencontra pas le succès escompté et le physicien abandonna son idée capitale pour orienter ses recherches vers une autre machine, perdant ainsi de vue la grande conception qui perpétuera le souvenir de son génie.

Dix ans à peine s'étaient écoulés lorsque l'application industrielle de l'idée de Papin se fit jour. Savery et Newcomen, consacrant la machine atmosphérique à l'épuisement des eaux dans les mines de houille, arrachèrent à une imminente ruine la branche mère de l'industrie britannique. Après que James Watt eût inventé le *Condenseur*, la machine à vapeur vint offrir son utile concours aux innombrables travaux des manufactures et usines. La persévérance et les talents de Fulton lui ouvrirent ensuite l'empire des mers, avant que de nouveaux perfectionnements permettent de l'appliquer aux transports rapides sur les voies de la locomotion terrestre.

1770 : Cugnot expérimente le « fardier », voiture à vapeur

En 1769, un ingénieur militaire français, Cugnot, construisit une machine à vapeur propre, selon lui, à parcourir de grandes distances. Il ne manquait qu'une chose à ce véhicule formidable : la direction. Né à Void, en Lorraine, le 25 septembre 1725, Joseph Cugnot avait vécu pendant toute sa jeunesse en Allemagne, avant de se rendre aux Pays-Bas pour entrer au service du prince Charles. Un ouvrage sur les *Fortifications de campagne* et un nouveau modèle de fusil adopté pour l'armement des uhlans, lui valurent une certaine notoriété dans son art.

Encouragé par les premiers succès, il s'occupa, à

L'éolipyle : « machine à vapeur » de l'Antiquité

Ce petit instrument consiste en un vase métallique creux et percé d'un seul trou qui se trouve ordinairement à l'extrémité d'une espèce de col ou de partie allongée. Lorsqu'on y a introduit de l'eau et qu'on vient à le poser sur des charbons ardents, l'eau ne tarde pas à s'y vaporiser, et l'orifice livre un étroit passage à un jet continu de vapeur jusqu'à ce que toute l'eau ait été ainsi chassée par la chaleur. Héron avait fait usage d'une application ingénieuse de cet instrument pour mettre en mouvement de petits automates et attribuait, avec raison, à la vapeur d'eau, les phénomènes que présentent les éolipyles placés sur le feu.

Éolipyle

C'est plus tard que le nom d'éolipyle (de *Aiolos*, dieu des vents ; et *pyle*, porte) se trouve employé par des auteurs ayant des idées fausses sur la nature de cet appareil. Ainsi Vitruve, célèbre architecte romain contemporain d'Auguste, parle des éolipyles dans des termes montrant qu'il connaissait bien leur jeu, mais qu'il se méprenait étrangement sur la cause de leurs effets. « Les éolipyles, dit-il, sont des boules d'airain qui sont creuses et qui n'ont qu'un trou très petit par lequel on les remplit d'eau. Ces boules ne poussent aucun air avant que d'être échauffées ; mais étant mises sur le feu, aussitôt qu'elles sentent la chaleur elles envoient un vent impétueux vers le feu, et ainsi enseignent, par cette petite expérience, des vérités importantes sur la nature de l'air et des vents. » Aux yeux de Vitruve, l'eau se convertissait donc en air à l'aide du feu. ∎

D'après... ***Les merveilles de la science ou Description populaire des inventions modernes*** paru en 1870

Inventions/Découvertes

Le fardier de Cugnot : traction avant sur trois roues

Avec une autonomie de 15 minutes et une vitesse de 1800 toises à l'heure, la voiture de Cugnot était mise en mouvement par une machine à vapeur à simple effet, composée de deux cylindres de bronze disposés verticalement, et dans lesquels la vapeur, introduite au moyen d'un tube, se trouvait mise en communication, tantôt avec la chaudière pour recevoir la vapeur, tantôt avec l'atmosphère pour chasser dehors cette vapeur quand elle avait produit son effet. La chaudière, disposée à l'avant de la voiture, présentait la forme d'un sphéroïde aplati ; le foyer, à peu près concentrique à la chaudière, était disposé au-dessous. Le métal était enveloppé d'une couche de terre réfractaire pour l'isoler du foyer.

Tout ce système reposait sur trois roues : c'était un tricycle. Une roue unique formait l'avant-train ; deux très fortes roues, montées sur un essieu ordinaire, composaient l'arrière-train. C'est à la roue de devant que s'appliquait la puissance motrice. La vapeur à haute pression, poussant le piston dans chacun des deux cylindres à simple effet, communiquait leur mouvement alternatif, à l'aide de rochets et de cliquets, à l'essieu de la première roue, ou roue motrice. Pour trouver plus d'adhérence au sol, cette même roue était cerclée d'un bandage de fer, rayé de stries profondes. L'avant-train de la voiture pouvait tourner comme celui d'une voiture ordinaire, aussi facilement que s'il eût été attelé à des chevaux. Mais Cugnot ne s'était pas inquiété des moyens de remplacer l'eau, à mesure qu'elle disparaissait en vapeur ; si bien qu'au bout d'un quart d'heure, tout mouvement se trouvait arrêté. Il fallait remplir de nouveau la chaudière, et la marche de la voiture n'était rétablie que lorsque la vapeur avait acquis une tension suffisante. ∎

Denis Papin

dans le parc du château de Vanves, chez le prince de Conti. Des membres de l'Académie des sciences, l'ambassadeur anglais, des savants français et étrangers, le prince de Conti lui-même qui encourageait les sciences et les arts, étaient présents.

La machine de Cugnot, suffisamment équipée et chauffée, partit furieusement au signal donné par le prince de Conti, franchit en quelques secondes la longueur du parc, renversa un pan de muraille et alla, toujours haletante et toujours furieuse, se précipiter dans un ravin à un quart de lieue de distance de son point de départ, après avoir renversé sur son passage les arbres, les cabanes, les barrières qui lui faisaient obstacle. L'expérience réussit donc, mais on s'accorda à penser qu'on ne pouvait raisonnablement appliquer à un objet d'utilité générale un engin si merveilleusement rapide et si effroyablement destructeur. Cugnot reçut donc une gratification de mille louis, des savants présents à l'expérience des compliments où l'ironie se mêlait traîtreusement à l'éloge, du roi le cordon de Saint-Michel.

Cugnot mit alors en chantier un nouveau modèle du fardier, qui devait pouvoir porter une charge utile d'environ 4 tonnes à la vitesse constante de 1800 toises à l'heure. La nouvelle machine, dont la chaudière possédait son propre foyer, fut construite à l'Arsenal Militaire de Paris. La tradition rapporte que, dans des essais postérieurs, la violence des mouvements de cette machine ayant empêché de la diriger, elle alla donner contre un pan de mur de l'Arsenal, qui fut renversé du choc. L'ingénieur français obtint du gouvernement, sur la proposition de Gribeauval, une pension de six cents livres jusqu'à la Révolution, qui vint le priver de cette faible ressource. Le malheureux officier serait alors mort dans la misère si une dame charitable de Bruxelles ne lui eût fourni quelque secours. En 1793, un comité local de Salut public voulut démolir, pour en fabriquer des armes, la machine de Cugnot, qui se trouvait toujours à l'Arsenal. Mais des officiers d'artillerie s'opposèrent à ce projet.

A son retour d'Italie, le général Bonaparte ayant eu connaissance de l'existence de la machine de Cugnot, exprima à l'Institut l'opinion qu'il serait possible d'en tirer parti. Les nouveaux essais prévus furent empêchés par son départ en Egypte. En 1801, Cugnot ayant alors soixante-quinze ans, Bonaparte lui rendit sa pension, qui fut alors portée à mille livres. L'inventeur mourut en 1804, au moment où les premières locomotives commençaient à marcher sur les voies ferrées de Newcastle. ∎

Bruxelles, de construire des chariots à vapeur, qu'il désignait sous le nom de *fardiers à vapeur*, et qu'il destinait au transport des canons et du matériel d'artillerie. Il est à croire que si le *chariot à vapeur* ou le *train d'artillerie à vapeur* eût donné de bons résultats, l'inventeur n'eût pas tardé à appliquer le même mécanisme à la traction des voitures et véhicules en tout genre.

Peu contrôlable, le véhicule de Cugnot n'est pas exploité

Quoi qu'il en soit, Cugnot se rendit à paris en 1763 pour y continuer ses recherches. Au bout de plusieurs années de travaux, il réussit à construire un modèle de voiture à vapeur qui fut soumis en 1769 à l'examen du général Gribeauval et essayé le 22 avril 1770, après que Louis XV eût décidé de financer le projet. Cette première expérience se fit

La première voiture à vapeur essayée par Cugnot, à l'intérieur de l'Arsenal de Paris, en 1770

D'APRÈS...
> *Merveilles du génie de l'homme* paru en 1852
> *Les merveilles de la science ou Description populaire des inventions modernes* paru en 1870

La France pittoresque

Antiquité >>> XVIe — Le monde pittoresque

Prophéties : une imminente FIN du monde ?

Les Égyptiens croyaient qu'après une révolution de trente-six mille cinq cent vingt-cinq ans le monde serait renouvelé ou par un déluge ou par un embrasement général. Les uns ont prétendu que le monde finirait vers l'an 2000 ; les autres ont reculé cette grande catastrophe de plusieurs siècles. Cependant plusieurs auteurs chrétiens ont pensé que, sans contredire la parole de Jésus-Christ, on pouvait conjecturer que la durée de notre planète se trouvait fixée à 6 000 ans : 2000 sous la loi de nature, 2000 sous la loi de Moïse et 2000 sous la loi du Messie. Cette opinion semble fondée sur une ancienne tradition judaïque attribuée à un docteur nommé Élie, qui vécut 154 ans après le retour de la captivité. On lit dans le Talmud, que « le monde durera 6000 ans et qu'il sera détruit dans un ». Faut-il l'entendre d'un jour, d'un an ou d'un millénaire ?

Pour Pic de la Mirandole, une fin du monde en 2006

Les anciens Étrusques disent que 6000 ans se sont écoulés avant la formation de l'homme, et que le genre humain doit subsister pendant 6000 autres années, tout le temps que le monde durera étant borné à l'espace de 12000 ans. On lit dans le Zend-Avesta, qu'après les 12000 ans assignés à la durée du monde, l'astre Gourzcher doit venir heurter la terre. Un vaste incendie la dévorera jusque dans ses fondements ; les montagnes se fondront ; mais alors apparaîtront un nouveau ciel et une nouvelle terre. Saint Cyprien, saint Irénée, saint Ambroise, saint Augustin, saint Jérôme, saint Hilaire de Poitiers, ont appuyé l'opinion que le monde ne durera que 6000 ans, et elle a été suivie par plusieurs écrivains de mérite, tels que Bellarmin, Génébrard, Corneille de la Pierre. Ce dernier précise qu'il ne faut pas prendre les 6000 ans avec une précision mathématique, mais simplement dans une acception morale, en sorte que la durée du monde ne passera pas le septième millénaire et n'ira guère au delà du sixième. Un sentiment qui n'a fait que se fortifier au cours des siècles. Certains s'aventurèrent à effectuer des calculs plus détaillés. L'art cabalistique fit par exemple connaître à Jean Pic de la Mirandole l'époque précise de la fin du monde, qui, dit-il, « arrivera 514 ans 25 jours à partir de celui où j'écris » (1er novembre 1492). Suivant ce calcul, nous aurions dû assister à la fin du monde en 2006.

La prophétie sur les papes, attribuée à saint Malachie, archevêque d'Armagh, n'assigne que cent onze papes depuis 1143 jusqu'à la fin du monde. Rédigée en 1138 à l'Abbaye de Clervaux et sous l'inspiration de saint Bernard, ami de saint Malachie, elle fut publiée pour la première fois en 1595 par dom Arnold de Wion, moine de l'abbaye de Sainte-Justine de Padoue, dans son *Lignum vitae* (Arbre de vie). L'œuvre du moine d'Armagh donnait pour chacun des papes qui devaient se succéder sur le siège de saint Pierre depuis Innocent II,

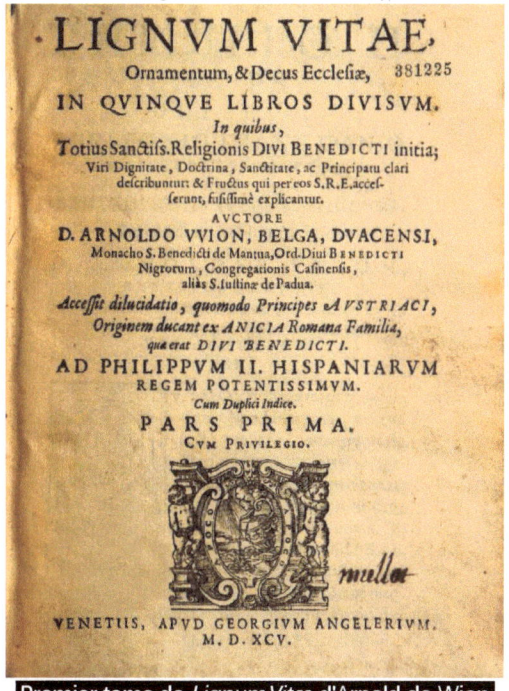

Premier tome de *Lignum Vitæ*, d'Arnold de Wion

51

Le monde pittoresque

le pape alors régnant, jusqu'à la fin du monde une sentence qui le caractérise. Chaudement défendue par les uns, vivement attaquée par les autres, cette prophétie n'en constitue pas moins un monument historique. ■

D'APRÈS...
> *Mémoires de l'Académie de Metz* paru en 1857

Le dernier pape selon Malachie

Attribuée à saint Malachie, moine irlandais du XIIe siècle, la « prophétie des papes » comporte 111 devises latines correspondant aux 111 papes devant se succéder de 1143 jusqu'à la destruction de la ville aux sept collines. Voici les devises depuis le pape Innocent XII (1691), accompagnées des observations semblant les corroborer.

1691-1700. *Rastrum in porta* (le râteau à la porte), **Innocent XII**. De la famille Pignatelli del Rastello (du Râteau) qui habitait aux portes de Naples.

1700-1721. *Flores circumdati* (des fleurs partout), **Clément XI**. Très éloquent. Il connaissait toutes les fleurs de la rhétorique.

1721-1724. *De bona religione* (de la bonne religion), **Innocent XIII**. De la famille des Conti del Segni, la seule qui ait donné neuf papes à l'Eglise.

1724-1730. *Miles in bello* (le soldat en guerre). **Benoît XIII**. Avait porté les armes avant d'être cardinal et, comme pape, fut assiégé dans Avignon.

1730-1740. *Columna excelsa* (la colonne élevée), **Clément XII**. Diminua les impôts, punit les prévaricateurs, gouverna l'Eglise avec sagesse.

1740-1758. *Animal rurale* (l'animal des champs), **Benoît XIV**. Grand travailleur.

1758-1769. *Rosa umbria* (la rose de l'Ombrie), **Clément XIII**. *Rosa umbria* est, dit-on, le nom d'une rose qui pousse particulièrement à Venise où était né ce pape.

1769-1774. *Ursus velox* (l'ours rapide), **Clément XIV**. Pape à l'esprit prévoyant et rusé.

1775-1799. *Peregrinus apostolicus* (le voyageur apostolique), **Pie VI**. Chassé de Rome, il fut contraint à de nombreux voyages par les soldats de la Révolution, et vint finir ses jours à Valence, dans la Drôme.

1800-1823. *Aquila rapax* (l'aigle rapace), **Pie VII**. Il fut dépouillé de ses Etats Pontificaux par Napoléon.

1823-1829. *Canis et Coluber* (le chien et la couleuvre), **Léon XII**. Son pontificat se dinstingue par la profusion de sociétés secrètes.

1829-1830. *Vir religiosus* (un homme religieux), **Pie VIII**. Connu pour sa grande piété.

1831-1846. *De Balneis Etruriae* (De Balnes en Etrurie), **Grégoire XVI**. Ce pape était de l'ordre religieux des Camaldules dont le siège est à Balnes (Etrurie).

1846-1878. *Crux de cruce* (la croix venant de la croix), **Pie IX**. Pape chassé de ses Etats Pontificaux par Victor-Emmanuel II de Savoie, dont les armes portent une croix.

1878-1903. *Lumen in caelo* (la lumière dans le ciel), **Léon XIII**, dont on célèbre la haute sagesse, et qui porte une comète dans ses armes.

1903-1914. *Ignis ardens* (le feu ardent), **Pie X**. Il mourut vingt jours avant le début de la Première Guerre mondiale.

1914-1922. *Religio depopulata* (la religion décimée), **Benoît XV**. Il a régné pendant la Première Guerre mondiale.

Le pape Innocent II (1100-1143), sous le pontificat duquel Malachie aurait écrit ses prophéties

1922-1939. *Fides intrepida* (la foi intrépide), **Pie XI**. Ce pape signera les accords de Latran en 1929 fixant le pouvoir de la papauté au Vatican.

1939-1958. *Pastor angelicus* (le pasteur angélique), **Pie XII**.

1958-1963. *Pastor et nauta* (pasteur et navigateur), **Jean XXIII**. Patriarche de Venise, ville des navigateurs.

1963-1978. *Flos florum* (la fleur des fleurs), **Paul VI**. Le lys, surnommé « la fleur des fleurs », est le symbole de la ville de Florence dont ce pape était originaire. Ses armes étaient formées de trois lys.

1978. *De medietate lunae* (de la lune médiane), **Jean-Paul Ier**, élu et mort le jour d'une demi-lune.

1978-2005. *De labore Solis* (du travail du soleil), **Jean-Paul II**. Ce pape polonais est né à l'est – où le soleil se lève – et le jour d'une éclipse totale de Soleil (18 mai 1920). La devise soulignerait de surcroît son rôle d'infatigable voyageur.

2005-2013. *Gloria olivae* (de la gloire de l'olivier), **Benoît XVI**. L'olivier fait-il référence à la participation active du souverain pontife à des processus de paix dans le monde ? Les branches d'olivier sont en outre le symbole de l'ordre de Saint-Benoît.

Gloria olivae est la dernière devise. La prophétie de saint Malachie s'achève sur une phrase mentionnant un pape du nom de **Pierre le Romain** : *In persecutione extrema sacrae romanae ecclesiae sedebit Petrus romanus, qui pascet oves in multis tribulationibus ; quibus transactis, civitas septi-collis diruetor ; et judex tremendus judicabit populum suum* (Dans la dernière persécution de la sainte église romaine, le siège sera occupé par un romain nommé Pierre, qui fera paître les ouailles au milieu de grandes tribulations ; après quoi, la ville des sept collines — Rome — sera détruite, et un juge terrible jugera son peuple). ■

Le Prophète Malachie. Vitrail de la cathédrale de Bourges

LA FRANCE PITTORESQUE — Mœurs/Coutumes

1615 : le royaume de France **fond** pour l'exotique et controversé CHOCOLAT

C'est en 1519 que l'Espagnol Hernán Cortés, débarquant au Mexique, vit les habitants se gorger d'une bouillie brune à laquelle, naturellement, il se hâta de goûter, et qui lui parut le mets le plus exécrable dont il soit possible d'approcher les lèvres humaines. Repoussant d'abord avec dédain cet aliment et le déclarant digne d'être infligé pour pénitence aux criminels, les Espagnols s'enquirent toutefois des substances qui le constituaient.

Les Espagnols perfectionnent le chocolat des Aztèques

On leur montra d'abord une sorte de fève à enveloppe rousse, dont il fut d'autant plus facile de se procurer des spécimens qu'elle jouait dans le pays le rôle de monnaie courante, la plupart des Mexicains payant en effet leur tribut au souverain avec des amandes de cacao. On leur fit voir ensuite des grains ronds, d'un jaune d'or — le maïs — et certains fruits d'un rouge vif à peau luisante – le piment –, leur expliquant que la fève rousse étant grillée, puis broyée, donnait une espèce de pâte huileuse à laquelle on ajoutait de la farine obtenue en moulant les grains jaunes, et une partie de ces fruits rouges desséchés, et que le tout, bien malaxé, formait l'aliment national connu sous le nom de *Tchocolalt*.

Les Espagnols ne firent d'abord pas grand cas de cet aliment incendiaire, mais, prenant à part chacun des éléments dont il était fabriqué, ils en ôtèrent les deux derniers, sucrèrent le premier — le sucre était alors un produit encore nouveau, mais cependant assez répandu en Asie et en Europe —, et le chocolat tel que nous le connaissons se trouva inventé et ne tarda pas à faire les délices des conquérants et des vaincus.

Hernán Cortés

Après la conquête du Mexique, les Espagnols firent usage du chocolat : les religieuses de Guaxaca y ajoutèrent du sucre, et celles de Chiappa y mêlèrent de la vanille, de la fleur d'orjevala, de l'ambre et du musc. Chaque matin, dans les rues de Mexico, des femmes vendaient du chocolat de couleur rouge, teint avec de la graine de rocouyer ; il y avait aussi des *Chocolaterias*, établissements semblables à nos cafés, où l'on ne préparait que du chocolat à l'eau, soit pur, soit mélangé avec de la farine de maïs, et aromatisé selon le goût du public.

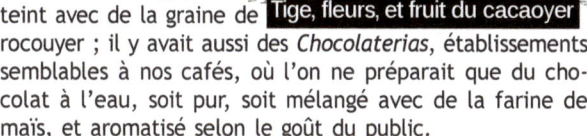
Tige, fleurs, et fruit du cacaoyer

L'usage de cette boisson alimentaire s'introduisit rapidement dans toute la partie de l'Amérique soumise à l'Espagne, et il s'en fit dans ce dernier pays une immense consommation. Mais les Espagnols, ne voulant pas que d'autres pays pussent en profiter, prohibèrent l'exportation du cacao. Il arriva que cette substance ne fut pas connue dans le reste de l'Europe, ou du moins qu'elle le fut si peu, que les Hollandais, ayant capturé des navires espagnols chargés de cacao jetèrent, assure-t-on, la cargaison à la mer, appelant dédaigneusement ces graines, dont ils ignoraient la valeur, des *crottes de brebis*. Plus tard, apprenant l'usage à laquelle cette graine était destinée, ils en firent grand commerce avec l'Allemagne et l'Angleterre, s'entendant même avec les Anglais pour organiser la contrebande du cacao sur une grande échelle.

Le chocolat emprunte une voie royale pour conquérir la France

En France, ce furent les religieux qui commencèrent vers le milieu du XVIe siècle à faire usage du chocolat et à le vulgariser, les moines espagnols leur faisant connaître par les cadeaux qu'ils leur offraient ; mais, jusqu'au mariage en 1615 de Louis XIII avec Anne d'Autriche, la fille du roi d'Espagne Philippe II, la consommation en fut peu importante. Anne ayant vécu en Espagne, aimait beaucoup le chocolat, et, lorsqu'elle fut reine et habita Paris, les dames de sa cour le mirent à la mode. Les divers ambassa-

L'essor du chocolat attise les convoitises

La chocolatière. Peinture de Jean-Étienne Liotard

Jusque vers la fin du XVIIe siècle, le commerce du cacao passait inaperçu ; mais à cette époque, le gouvernement reconnut que, leur importation suivant une marche ascendante et le public les accueillant avec une faveur de plus en plus marquée, il était appelé à devenir l'élément d'un commerce très lucratif. La pièce la plus ancienne où il soit fait mention d'une décision prise à cet égard par le roi de France est une simple lettre du 5 juin 1660 en faveur d'un sieur Chaillou, lequel avait, grâce à la protection du comte de Soissons, obtenu de Louis XIV « la permission de faire et vendre privativement la composition dite Chocolat ».

Le premier document royal explicite ayant trait au cacao est un édit donné par Louis XIV à Versailles au mois de janvier 1692. Le roi, se fondant sur ce que les boissons de café, thé, sorbet et chocolat étaient devenues si communes dans toutes les provinces du royaume, que les droits des aides en souffraient une diminution considérable ; ne voulant pas néanmoins, disait-il, priver ses sujets de l'usage de ces boissons, « que la plupart jugeaient utiles à la santé », – se proposant par ailleurs d'en tirer quelque secours dans l'occurrence de la guerre qu'il soutenait alors, et de se dédommager de la diminution que ses droits des aides en pourraient recevoir à l'avenir – déclarait n'avoir pas trouvé de moyen plus convenable et moins à charge à ses sujets que d'accorder à une seule personne la faculté de vendre et débiter le café, le chocolat, etc. dans toute l'étendue du royaume, comme cela se pratiquait déjà pour le tabac. D'après le même édit, les ports de Marseille et de Rouen étaient seuls ouverts à l'importation de ces marchandises, à moins que celles-ci ne fissent partie de captures faites sur les navires appartenant à des États ennemis, ou qu'elle ne fussent apportées par des navires de la Compagnie des Indes ; ou enfin qu'elles ne provinssent des îles françaises de l'Amérique, auxquels cas elles étaient admises indifféremment dans tous les ports du royaume. Elles ne pouvaient être vendues qu'au fermier désigné par le roi ou à ses représentants. Si les vendeurs ne parvenaient pas à s'entendre sur le prix avec ce fermier, ils n'avaient d'autre ressource que d'exporter leur marchandise. Les individus munis d'une permission du fermier avaient seuls le droit de débiter au détail les boissons faites avec le café, le thé, le cacao, etc., et le prix maximum de chacune était également fixé. Des peines sévères, tant corporelles que pécuniaires, sans préjudice de la confiscation, étaient portées contre tout infracteur à l'édit royal, ainsi que contre les vendeurs et débitants convaincus d'avoir falsifié le cacao, en nature ou en boisson.

En mai 1693 parut un nouvel édit laissant à tous les épiciers et négociants du royaume la liberté d'acheter et de vendre à leurs risques, périls et fortune le cacao, le chocolat ou le thé, et désignant les ports affectés à l'entrée de ces marchandises. Supprimant le monopole, cet édit eut pour effet immédiat de donner une forte impulsion au petit commerce de détail qui s'empara aussitôt des nouveaux produits et se mit en mesure de satisfaire le goût déjà très prononcé du public pour des breuvages d'une saveur douce et d'un parfum agréable. Par une coïncidence favorable, une ordonnance royale du mois de mars de la même année autorisait la formation de la communauté des limonadiers, sans limiter le nombre d'individus qui pourraient y être admis. Les établissements où le public trouvait à toute heure du chocolat, du café et des sorbets, se multiplièrent en peu de temps. En 1704, le gouvernement se repentit de sa trop grande libéralité et supprima les corporations des limonadiers, marchands d'eau-de-vie et autres liqueurs, établis tant à Paris que dans les provinces, enjoignit à tous ces commerçants de fermer leurs boutiques, et créa une nouvelle communauté dont les membres se voyaient limiter leurs privilèges. Mais l'édit de 1693 demeura en vigueur jusqu'en 1790. L'Assemblée constituante, abolissant tous les droits locaux et seigneuriaux, institua, par son décret du 5 novembre, le tarif unique des douanes, qui ouvrit au commerce extérieur, ainsi qu'à l'industrie intérieure de la France, une ère nouvelle d'activité. ■

D'APRÈS... *Le cacao et le chocolat* paru en 1860

deurs d'Espagne contribuèrent aussi à le mettre en vogue, et au commencement de la Régence, le chocolat était plus universellement en usage que le café, parce qu'alors on le prenait comme un aliment agréable, tandis que le café ne passait encore que comme une boisson de luxe et de curiosité. En 1661, lorsque Marie-Thérèse d'Autriche épousa Louis XIV, la cour, pour paraître applaudir au goût de la jeune reine, voulut comme elle prendre du chocolat ; et Paris imita alors la cour. La duchesse de Montpensier affirme dans ses *Mémoires* que la reine se cachait pour prendre son chocolat ; que d'abord elle le fit faire chez une de ses femmes nommée la Molina ; puis, après le départ de celle-ci, chez une autre nommée la Philippa ; mais qu'elle le « prenait en cachette, et ne voulait pas qu'on sût qu'elle en usait ».

Les détracteurs du chocolat tentent vainement de le discréditer

Si l'on s'en rapporte aux *Mélanges d'histoire et de littérature*, publiés par d'Argonne sous le nom de Vigneul de Marville, « le premier en France qui ait usé de cette drogue » est le cardinal Alphonse de Richelieu, mort en 1653, et frère du célèbre ministre de ce nom. « J'ai ouï dire à l'un de ses domestiques, ajoute d'Argonne, qu'il s'en servait pour modérer les vapeurs de sa rate, et qu'il tenait ce secret de quelques religieux espagnols qui l'apportèrent en France ». René Moreau, célèbre médecin de Paris, raconte au demeurant avoir été consulté par le cardinal de Lyon avant 1642, sur les propriétés thérapeutiques du chocolat. Durant plusieurs années, l'usage ne s'en étendit point hors des murs de la capitale. Madame de Sévigné, écrivant le 11 février 1671 à sa fille qui venait de la quitter pour se rendre en Provence, lui disait : « Vous ne vous portez pas bien, le chocolat vous remettra ; mais vous n'avez point de chocolatière ; j'y ai pensé mille fois ; comment ferez-vous ? » Puisque Madame de Grignan, ayant oublié de prendre une chocolatière à Paris, n'avait pas espérance d'en trouver une à Aix, le chocolat n'était donc pas connu dans toute cette étendue de royaume. Du moins, s'il l'était par quelques personnes de considération qui, comme la comtesse, en tiraient de Paris, ce n'était pas encore une chose publique.

L'expression « le chocolat vous remettra » annonce qu'en ce temps-là celui-ci n'était encore regardé que comme remède. Médecins et apothicaires se disputèrent à l'envi la nouvelle proie qui leur tombait du ciel comme la manne au désert : le chocolat, ou plutôt le *chocolate*, comme on disait alors, devint d'ailleurs un sujet de conflit entre les docteurs, les uns le considérant comme une panacée universelle, les autres comme une drogue, un poison lent propre à engendrer la fièvre, l'échauffement, la dyspepsie et autres calamités. Plusieurs personnes en ayant abusé, ou ne lui ayant point trouvé toutes les vertus dont on l'honorait gratuitement, elles le décrièrent. Madame de Sévigné elle-même, après avoir flatté sa fille qu'il lui rendrait la santé, chercha, dans deux autres lettres écrites la même année, à l'en détourner : « Je veux vous dire, ma chère enfant, que le chocolat n'est plus avec moi comme il était. La mode m'a entraînée, comme elle fait toujours. Tous ceux qui m'en disaient du bien, m'en disent du mal. On le maudit, on l'accuse de tous les maux qu'on a ; il est la source des vapeurs et des palpitations, il vous flatte pour un temps, puis il vous allume tout d'un coup une fièvre continue qui vous conduit à la mort. Au nom de Dieu, ne vous engagez point à le soutenir, et songez que ce n'est plus la mode du bel air ».

Une dame versant du chocolat
Peinture de Jean-Étienne Liotard

Tandis que les médecins dissertaient de l'action du cacao sur les humeurs âcres, sur les esprits vitaux et sur la chaleur des viscères, les théologiens entamèrent une sérieuse polémique sur la question de savoir si le chocolat à l'eau devait être considéré comme un aliment ou comme une boisson. La Sorbonne, soutenue par les Dominicains, déclara qu'il était un aliment solide. L'Espagne fut de la même opinion ; mais Rome se trouva divisée sur cette importante question qui, loin d'être résolue, devint complètement obscure. Madame de Maintenon et la princesse des Ursins s'en préoccupaient comme d'une chose fort grave, et Madame de Sévigné écrivait d'un ton railleur : « Je pris du chocolat avant-hier pour digérer mon dîner, afin de bien souper, et j'en ai pris hier pour me nourrir et pour jeûner jusqu'au soir : voilà de quoi je le trouve plaisant, c'est qu'il agit selon l'intention. »

Dès la fin du XVIIe siècle, le chocolat prend son essor

Le jésuite Brancaccio trouva le moyen de tout concilier en déclarant en 1664 que si le chocolat solide constitue, à la rigueur, un aliment gras, le chocolat liquide pris à l'eau n'est qu'une simple boisson qui ne saurait rompre le jeûne : une sentence bien accueillie en cour de Rome, qui valut à Brancaccio le chapeau de cardinal. On pouvait dès lors se permettre le chocolat le matin avant midi, pendant la semaine sainte et aux autres jours consacrés par l'Église à la mortification de la chair, et les prêtres pouvaient en prendre une tasse avant d'aller dire leur messe.

Les rois de France avaient leur petit lever, où ils recevaient les courtisans qui étaient dans leur intimité. Dans son *Testament politique*, le maréchal de Belle-Isle nous apprend qu'après son lever le Régent donnait à un huissier l'ordre d'ouvrir la porte d'un escalier dérobé, et venait prendre son chocolat dans un grand salon où ceux qui avaient quelque faveur ou quelque grâce à lui demander étaient alors introduits : on appelait cela *être admis au chocolat de son Altesse Royale*.

L'usage du chocolat s'étant répandu sous Louis XIV, on en mangea une quantité considérable dans des bonbonnières. En 1682, le *Mercure Galant* nous apprend que le chocolat était une des choses qu'on servait aux collations que Louis XIV donnait à Versailles dans certains jours de divertissement. Le 25 mars 1684, un médecin de Paris, nommé Bachot, fit soutenir aux Écoles de la Faculté, pendant sa présidence, une thèse où il avançait que « le chocolat, bien fait, est une invention si noble, qu'il devrait être la nourriture des Dieux, plutôt que le nectar et l'ambroisie ». En 1692, les fournisseurs parisiens les plus renommés étaient : le sieur Chaillou, établi à l'angle de la rue de l'Arbre-Sec et de la rue Saint-Honoré ; le sieur Rère, rue de Dauphine ; enfin un sieur Renaud donnant son produit comme « le meilleur chocolat de France et de Navarre » :

> Nul besoin de s'inquiéter.
> Pour l'avoir agréable,
> Allez chez Renaud l'acheter,
> On l'y trouve admirable.
> C'est chez lui du vrai chocolat
> Que se tient la fabrique :
> Le voulez-vous bien délicat ?
> Ce marchand est l'unique.

En 1705 fut décerné à un chevalier de Saint-Louis le titre de chocolatier de la reine, ce qui procura de très beaux bénéfices à l'heureux titulaire. ■

D'APRÈS...
> *Les ouvriers de Paris* paru en 1863
> *L'Intermédiaire des chercheurs et curieux* paru en 1893

Le chocolat détourne de l'ivresse !

Durant les XVIIe et XVIIIe siècles, l'économie domestique fit à cette époque de nouvelles acquisitions aussi utiles qu'agréables, telles que le café, le thé et le chocolat. On pouvait en prendre, non seulement chez soi, mais dans certains établissements publics, qui tenaient le milieu entre le cabaret et ce que nous appelons aujourd'hui le café. Ces établissements étant d'abord mal décorés et accessibles aux fumeurs, qui alors n'existaient guère que dans le menu peuple et parmi les artisans, les femmes, et en général la bonne compagnie, s'en tint éloignée jusqu'à l'époque où un Florentin, nommée Procope, ouvrit en 1676 à Paris un café aux riches ornements dans lequel on trouvait avec du café, du thé et du chocolat, des glaces, des liqueurs spiritueuses et toutes sortes de boissons froides ou chaudes. Les cafés, en se multipliant, opérèrent une sorte de révolution dans les habitudes de la population parisienne ; ils amenèrent peu à peu le dégoût du cabaret et de l'ivresse, qui était commune alors parmi les hommes les plus considérables par leur naissance et leur fortune. ■

D'APRÈS... *Histoire de l'administration de la police de Paris* paru en 1850

Lieux/Monuments — XVIᵉ XVIIᵉ XVIIIᵉ XIXᵉ

Si la France m'était contée...

L'île d'YEU contre envahisseurs et impôts

Le Vieux-Château de l'île d'Yeu, au XIXᵉ siècle

À cinq lieues environ du rivage de la Vendée, en face de Saint-Gilles et au-dessous de Noirmoutier, s'élève l'île d'Yeu, appelée *Oga* par les Celtes, *Oia* par les Romains, *Oys* au Moyen Age, la racine *Og* signifiant *jeune* et par métaphore *petite*. Quelques auteurs remontent au celtique *Viou, Oaz, Œuf de l'oie* : l'île aurait ainsi reçu son nom de sa forme. D'autres le dérivent du grec *Ois* signifiant *brebis* à cause de sa race d'excellents moutons.

La légende prétend que deux corbeaux s'étaient approprié la possession de l'île et en chassaient impitoyablement tous ceux de leur espèce qui cherchaient à s'y établir. Tyrans cruels pour les leurs, juges équitables et vénérés pour les gens du pays, ils décidaient sans appel de tous les différends. Leur procédé était des plus simples. Chacune des deux parties déposait un gâteau sur une éminence. La bonne cause voyait aussitôt son offrande dispersée ; mais la part du perdant était entièrement dévorée.

L'île est exempte de la taille et de la gabelle

Erigée en marquisat par le roi Henri III, elle fut saisie par des créanciers en 1659 puis vendue à Madeleine Mangot, qui l'apporta en mariage à Aimé de Rochechouart. En 1785, Jean-Baptiste de Rochechouart, duc de Mortemart, la céda au roi Louis XVI pour un million de livres qui ne fut jamais payé. La Révolution la confisqua à son tour, et la revendit, à l'exception du château.

Comprise dans la « Marche commune du Poitou et de la Bretagne, et placée en frontière » de la province, l'île d'Yeu fut, « de toute ancienneté et de tel temps qu'il n'est mémoire du contraire » exempte des tailles, gabelles, papier timbré « et de tous autres impôts généralement quelconques ». Entre autres droits et prérogatives, afférents aux seigneurs de l'île, citons la *Taille de pêcherie* de Saint-Gervais et de Saint-Michel, établie sur toute la population masculine se livrant à la pêche, même sur les pêcheurs à la ligne ; le *corvage* ou *courruage de barques*, consistant d'abord en l'obligation pour les barques de l'île de porter et chercher au continent la correspondance du seigneur et de ses officiers, et convertie plus tard en une redevance annuelle de douze livres par barque ; le *droit d'ancrage*, fixé à cinq sols par bâtiment et autant par tonneau ; et le *droit de bris et naufrages*, par lequel tout ce qui n'avait pas été sauvé pendant trois marées appartenait au seigneur.

Ceux qui apportaient des fruits pour les vendre en devaient payer un cent de chaque façon et un sol par boisseau ; et, à chaque noce, les nouveaux mariés étaient tenus d'un *droit de met*, consistant en un pain de trois livres, un gigot de mouton et un pot de vin, mais qu'on peut changer par abonnement en une somme de quinze sols. Enfin, le besoin de se tenir toujours en garde contre les incursions des ennemis donna naissance à des jeux militaires annuels, au lieu dit la *Pointe du Châtelet*, dont les vainqueurs, proclamés *rois et connétables*, jouissaient de certains privilèges. ■

D'après...
> *L'Investigateur* paru en 1881

La naissance légendaire du pont d'Yeu

L'île d'Yeu a été habitée de toute antiquité, et les tribus gauloises y ont laissé de nombreux dolmens de leur passage. De la domination romaine, l'île passa entre les mains des Francs, et fut convertie à la foi chrétienne par saint Hilaire et saint Martin. Le *Pont de Saint-Martin* ou *Pont d'Yeu* est légendaire : c'est une longue suite de rochers, toujours à découvert qui, de la côté opposée, s'avancent dans la direction de l'île. On raconte que par une brûlante journée d'été, saint Martin voulut se rendre de Notre-Dame-de-Monts à l'île d'Yeu pour y prêcher l'Evangile. Mais comment traverser le bras de mer qui l'en séparait ? Satan seul pouvant le tirer d'embarras, Martin le tenta en faisant briller à ses yeux un merveilleux *moulinet* ou éventail en glace. Le Malin, ébloui, se laissa prendre au piège et proposa en échange de convertir en or tous les graviers du rivage.

Il convoqua ses légions infernales et des montagnes de pierres s'entassèrent entre la côte et l'île. Hélas ! Le coq du village, qui avait été enivré pour retarder son cri matinal et permettre aux travailleurs d'achever leur besogne, se mit à chanter longtemps avant l'aube du jour, dérouté par la boisson qu'il avait prise. L'œuvre s'arrêta, et les énormes monolithes transportés par les airs tombèrent à la place qu'ils occupent encore. Le saint lançant alors dans les griffes du démon un gros chat noir poursuivi par un chien, Satan fut chassé au fond de la sombre forêt de l'île d'Yeu. ■

1003 : le premier PAPE français s'éteint

Le nom de Sylvestre II est un des plus illustres qui aient brillé sur la chaire de saint Pierre. Premier pape français, il naquit vers 938 à Belliac, village situé près de la ville d'Aurillac, en Auvergne. Fils d'un agriculteur pauvre, Gerbert, dans son enfance, garda des troupeaux. Rien ne pouvait alors laisser présager qu'un jour, cet inculte enfant des montagnes, après avoir passé par toutes les vicissitudes de la vie humaine, se ferait remarquer sur le trône pontifical par ses vertus évangéliques et la supériorité de son génie. Il fut le personnage le plus éminent de son siècle. C'est à lui qu'est due la première renaissance des lettres, éteintes après un moment d'éclat sous les tristes successeurs de Charlemagne. Les écoles qu'il a dirigées et qu'il a fondées, ont été la pépinière des théologiens, des historiens, des évêques les plus distingués de ce temps. C'est de lui que date le progrès de l'astronomie et de la mécanique. Il serait l'inventeur du balancier et a introduit en Europe occidentale les chiffres arabes.

Avant son accession au trône apostolique et tandis qu'il venait d'être élu archevêque de Reims contre l'avis du pape, Gerbert s'opposa à celui-ci et, six cents ans avant Luther et Calvin, fut sur le point de méconnaître la puissance de Rome et de prêcher ouvertement la révolte contre l'infaillibilité papale. Quelques années plus tard, l'hérésie menaçant d'ébranler l'Europe, Rome eut plus que jamais besoin d'un pape fort pour soutenir dignement la tiare pontificale. Gerbert fut pressenti pour une telle tâche, et le 2 avril 999, le berger d'Aurillac parvint à la papauté devant laquelle, au Moyen Age, les plus grands rois s'inclinaient avec respect et crainte. Il réforma l'Église pour en renforcer l'autorité et réprima les abus ecclésiastiques.

Mort le 12 mai 1003, sa supériorité fut la cause même du discrédit où tomba son nom par la suite. Elle servit en effet de prétexte à ces sombres légendes, effroi des couvents, où la science fut représentée comme un don de l'enfer, et Gerbert comme un réprouvé introduit dans la chaire de saint Pierre par la main de Satan. Il fallut attendre 1850 pour que la ville d'Aurillac érige une statue à Sylvestre II. Le Cardinal Lambruschini écrivit à l'évêque de Saint-Flour au nom du pape Grégoire XVI : « Le projet formé, dans votre diocèse, d'élever à Aurillac une magnifique statue en l'honneur du grand pape Sylvestre II, dont la mémoire ne cessera d'être louée d'âge en âge, a reçu la haute approbation de son glorieux successeur, N.T.S.P. le Pape Grégoire XVI. Sylvestre II se distingua, en effet, d'une manière si éclatante par la sainteté de sa vie, l'universalité de ses connaissances et l'ardeur de son zèle apostolique, qu'il est digne à tous égards, de voir son nom immortalisé par le monument public que lui préparent l'admiration et l'amour de ses concitoyens. Aussi le Souverain-Pontife, applaudissant à ce projet et accueillant avec bienveillance la demande qui lui était adressée, a-t-il voulu contribuer, lui aussi, à l'érection de ce monument par le don d'une somme de 100 écus. » ∎

D'après... L'ami de la religion et du roi paru en 1850

Sylvestre II

La PROPRETÉ au Moyen Age

La propreté ne fleurit pas moins dans le XIVe siècle que dans nos temps modernes. Les statuts des établissements de la ville de Marmande, dont certaines dispositions remontent à l'année 1339, montrent que nos pères avaient déjà adopté la plupart des règlements destinés à faire régner la propreté dans nos rues et nos marchés.

L'article 4 de ces statuts frappe d'une amende ceux qui, pendant les chaleurs, vendent le pain sans l'envelopper : « Contre ceux et celles qui ne tiendront pas le pain couvert à la place. Tout homme et toute femme qui vendra du pain dans la ville de Marmande, sera tenu ou tenue de couvrir ledit pain avec un drap blanc qui l'enveloppe tout entier, afin que rien de sale ne puisse toucher ce pain. Et ceci est entendu des habitants de la ville, de la Pâque jusqu'à la Toussaint, sous peine de cinq sous d'amende ». L'article 5 frappe d'une amende les femmes qui filent en vendant du pain ou des fruits : « Aucune femme vendant du pain dans la rue, ni aucune revendeuse vendant du pain ou des fruits, ne filera dans la grand'rue autour du carrefour, ni en aucun autre lieu où l'on tient du pain et des fruits à la disposition du consommateur, sous peine de cinq sous d'amende. »

L'article 45 défend d'écorcher les animaux dans certains endroits : « Aucun boucher ni autre personne n'écorchera bœuf ni vache ni autre bête dans les rues, ni dans les chemins, ni dans les fossés, ni aux bancs, ni en maison de la ville, ni en lieu quelconque du chemin public d'où habitant de Marmande puisse sentir la moindre mauvaise odeur, sous peine de cinq sous d'amende, ni en tout le rivage de la Garonne, depuis l'endroit où s'y déverse le ruisseau jusqu'au moulin du Roi, et on ne lavera pas des boyaux aux mêmes endroits, n'y jettera des cadavres d'animaux, ni au port commun de la ville, sous la même peine. »

Citons encore l'article 68 qui défend de mettre tremper du chanvre autour de la ville ; l'article 69 qui défend de jeter aucune eau fétide dans les ruisseaux des rues ; l'article 70 qui interdit à tout individu âgé de plus de sept ans de déposer dans les rues des ordures, des pailles et des balayures ; l'article 71 qui ordonne à tout propriétaire de nettoyer le devant de sa maison tous les samedis, et de débarrasser la rue ; l'article 74 qui défend de transporter du foin dans la ville sans l'avoir préalablement recouvert d'un drap ; l'article 75 qui ordonne aux propriétaires riverains de faire le curage des ruisseaux quatre fois par an ; l'article 76 qui défend de laisser plus d'un jour aucune espèce de bois dans les rues, à moins que ce ne soit pour bâtir. ∎

D'après... Archives historiques de la Gironde paru en 1863

Institutions — XVIIe XVIIIe XIXe XXe

Tempête sur l'épineux dossier *RETRAITES* au lendemain de la *Révolution*

En brisant le système des corporations, la Révolution risquait de laisser orphelins une population ouvrière dont les pensions ne seraient plus garanties. Si la création d'un « grand livre de bienfaisance » est proposée en 1794 en vue d'assurer l'existence de chaque individu après une vie active, elle ne donnera naissance à la Caisse Nationale de Retraites qu'en 1850. De projets avortés en congés parlementaires, pas moins de 60 ans seront encore nécessaires pour imposer en 1910 à une population récalcitrante un régime se voulant le plus équitable possible...

La constitution des Caisses de retraites pour la vieillesse ne remonte pas, dans notre pays, au delà de la fin du XVIIIe siècle. Le cardinal Mazarin fut le premier qui autorisa la création de sociétés de ce genre, auxquelles on donna le nom de tontines, pour rappeler le premier qui en eut l'idée, le napolitain Tonti.

Le projet de la Convention reste à l'état de vœu pieux

A la veille de la Révolution, il existait en France deux ou trois tontines autorisées par le roi, dont une faillit être reconnue d'utilité publique en 1791, sur la proposition de Mirabeau : « Faites, disait-il, que la substance même du pauvre ne se consomme pas tout entière, obtenez de lui qu'il dérobe une très petite portion de son travail pour la confier à la reproduction du temps, et, par cela seul, vous doublerez les ressources de l'espèce humaine. » La pensée de Mirabeau était de faire intervenir l'État dans la création des caisses de retraites. Sous l'Ancien Régime les travailleurs étaient embrigadés dans l'étroit réseau des corporations mais protégés et secourus par les « confréries » et les « compagnonnages ». Ces associations, d'un caractère en général confessionnel, groupaient les individus dans les liens d'une solidarité mutuelle : elles distribuaient à leurs membres des secours en cas de maladies et d'infirmités.

La tourmente révolutionnaire emporta d'un même coup toutes ces institutions. Sur les ruines de l'Ancien Régime, l'ouvrier affranchi restait exposé à tous les risques. Il pensait être libre mais il était isolé. La Convention Nationale aborda ce difficile problème, et en 1794 adoptait le rapport de Barrère proposant la création d'un grand-livre de bienfaisance. A 60 ans les cultivateurs devaient recevoir 200 francs par an. Après vingt-cinq ans de travail les artisans touchaient une pension de 130 francs. Les mères et les veuves avaient droit à une pension de 60 francs. La réaction thermidorienne vint empêcher la réalisation de ce projet humanitaire, qui eût pour toujours placée la France à la tête de toutes les nations civilisées.

Dès 1814, le Gouvernement de Juillet reprit cette idée :

il nomma une commission composée des hommes les plus distingués dans les sciences, les plus versés dans les connaissances financières, chargée de préparer un projet de loi sur les retraites. Un premier groupe de propositions s'échelonnent depuis cette époque jusqu'à 1850. Elles aboutissent à la création de la Caisse Nationale de Retraites pour la vieillesse. Avec les législatures suivantes le mouvement se poursuit ; les propositions et les projets chaque jour plus nombreux ont pour objet le développement de l'assistance et la généralisation des œuvres de prévoyance.

Propositions sans lendemain succédant à la création d'une Caisse Nationale

L'assemblée Nationale recevait, en 1875, une pétition ; l'auteur faisait un impérieux devoir à la société d'assurer l'existence de tous les travailleurs après leur vie active. Les ressources qui devaient servir à alimenter cette assurance étaient puisées dans un prélèvement sur la fortune générale. Cette motion incomplètement ébauchée tomba dans l'oubli. Quatre ans plus tard, MM. Martin-Nadaud et Charles Floquet, sous forme d'un projet de résolution, invitaient la Chambre à « nommer une commission chargée de préparer un projet de loi relatif à la création d'une caisse de retraites en faveur des vieux ouvriers de l'industrie et de l'agriculture ». Les auteurs indiquaient

Institutions

Potier et peintre céramiste

du produit de la vente des joyaux de la Couronne à la création d'une caisse de dotation des musées nationaux et des invalides du travail », et une proposition analogue prétendant tirer les ressources nécessaires d'une patente sur les oisifs. En 1886 M. Jaurès propose de grouper professionnellement et par canton toutes les industries ; chaque corporation sera doublée d'une société de prévoyance qui sera obligatoire lorsque les 3/5 des ouvriers auront décidé l'obligation. A l'aide des sommes versées par les ouvriers, les patrons et l'Etat, la société distribuera aux ouvriers des secours en cas de maladie, vieillesse et décès.

La discussion semble sur le point d'aboutir au début du XXe siècle

L'exposition de l'économie sociale en 1900 vint donner, par ses congrès, une vive impulsion au mouvement de prévoyance sociale que nous avons vu se dessiner. A dater de ce jour la question des retraites ouvrières entre dans une phase d'activité toujours croissante ; les propositions, les projets, les enquêtes, les rapports vont s'accumuler jusqu'à la discussion générale du projet de loi.

Après un échange de concessions réciproques, l'entente se fit entre le gouvernement et la Commission ; le 14 mai 1901, Paul Guieysse déposait son premier rapport supplémentaire auquel était annexé un nouveau projet de loi. Les principes fondamentaux restaient les mêmes ;

simplement que les fonds destinés à alimenter celle caisse seraient fournis par les versements corrélatifs des ouvriers, des patrons et de l'Etat. Plus heureuse que les précédentes, cette motion aboutit à un résultat effectif : en 1880, une commission fut nommée, dite Commission du Travail, qui devint par la suite la Commission d'assurance et de prévoyance sociales devant laquelle allaient être renvoyées, pour examen, les nombreuses propositions de loi touchant l'amélioration de la classe ouvrière.

Pendant les trois premières législatures qui suivent cette époque, le problème des retraites ouvrières reste dans un certain vague : les intentions sont mal définies, les propositions sont restreintes. Ainsi, de 1881 à 1885, nous trouvons la proposition Raspail « pour l'application

Le temps des tontines pour les 7 à 77 ans

Pour pallier la ruine découlant du système des rentes viagères garanties par les États, le napolitain Tonti propose la constitution de sociétés composées de personnes du même âge, apportant une même mise, et dans lesquelles les derniers survivants se partagent les mises ou l'intérêt des mises des décédés. Un système adopté par Louis XIV en 1689.

Le système des emprunts publics en rentes viagères disparut au XIXe siècle, après avoir joué un rôle important dans l'histoire. Il était particulièrement en usage en Angleterre : sous Guillaume III par exemple, il fut contracté un emprunt de 1 million de livres sterling, chaque souscripteur de 100 livres sterling recevant pendant sa vie ou pendant celle d'une personne qu'il désignait une rente de 14 livres sterling. L'État remplissait ainsi le rôle d'assureur sur la vie ; comme cette industrie n'existait pas, il attirait beaucoup de capitaux ; il était cependant la dupe de ce mode d'emprunt, parce qu'alors les calculs établis sur la vie probable des individus des différents âges n'existaient pas ; c'est à la fin du XVIIIe siècle seulement que furent rédigées les premières tables sérieuses sur la vie probable.

Un autre mode d'emprunt plus perfectionné, mais de même nature, était le procédé des tontines. On appelait ainsi des sociétés composées de personnes du même âge, apportant une même mise, et dans lesquelles les derniers survivants se partagent les mises ou l'intérêt des mises des décédés. Un banquier italien, Laurent Tonti, qui s'établit en France vers le milieu du XVIIe siècle mit en honneur ce système. La première tontine fut créée en 1689 par Louis XIV. On proposait au public de souscrire à une annuité de 1 400 000 livres. Les souscripteurs devaient être divisés en quatorze classes, suivant leurs âges, depuis la naissance jusqu'à 70 ans. Les souscriptions devaient être de 300 livres chacune, et l'annuité de 30 livres, soit 10% avec le bénéfice de survie dans chaque classe : le revenu de 30 livres n'était pour les personnes ayant participé à cet emprunt qu'un revenu

initial et minimum, qui allait en s'accroissant par suite de ce bénéfice de survie dont les souscripteurs jouissaient dans leurs classes respectives. Cela signifiait que si, au bout de 5 ans, un dixième des souscripteurs d'une classe était mort, les souscripteurs survivants de ladite classe voyaient leur revenu augmenter d'un dixième. C'est cette dernière clause qui constitue le procédé appelé *tontine*.

Le plan de la tontine de 1689 ne réussit qu'à moitié. En 1696, une autre tontine fut créée en France presque dans les mêmes termes : cette fois-ci, il y eut quinze classes, la dernière comprenant les souscripteurs de 70 à 75 ans. Ces deux tontines fonctionnaient encore en 1726. Quand on unit la treizième classe de la tontine de 1689 avec la quatorzième de la tontine de 1696, toutes les parts de ces deux classes se trouvaient alors réunies dans les seules mains de la veuve d'un chirurgien de Paris. Elle mourut peu après, à l'âge de 96 ans, ayant placé 300 livres dans chaque tontine, et dans la dernière année de sa vie elle reçut 73 500 livres. ■

D'APRÈS... ***Traité de la science des finances*** paru en 1906

Charpentiers

Institutions

l'inscription était obligatoire ; les patrons et les ouvriers effectuaient des versements corrélatifs. Les sommes ainsi obtenues étaient capitalisées dans une caisse unique dite « Caisse nationale des retraites ouvrières » dont la gestion administrative était placée sous l'autorité du Ministre du Commerce et la gestion financière confiée à la Caisse des dépôts et consignations. Elle devait faire porter ses achats sur des titres de rentes françaises.

Le projet mettait 13% de ces charges au compte du département et 10% au compte de la commune ; la contribution de l'Etat était de 75%. Eu outre, au lieu de garantir, comme précédemment, un chiffre minimum de retraite, l'Etat garantissait seulement un taux d'intérêt minimum de 3%. Le 2 juillet 1901, la Chambre des Députés, qui avait examiné pendant 16 séances les bases générales du projet de loi sur les retraites ouvrières votait l'article ainsi conçu : « Tout ouvrier ou employé, tout sociétaire ou auxiliaire employé par une association ouvrière a droit, s'il est de nationalité française et dans les conditions déterminées par la présente loi, à une retraite de vieillesse à 65 ans et, le cas échéant, à une retraite d'invalidité, payable mensuellement sur certificat de vie sans frais, délivré par le maire de sa résidence. Ces retraites sont assurées par la Caisse nationale des retraites ouvrières, la Caisse nationale des retraites pour la vieillesse, les sociétés de secours mutuels et les caisses patronales et syndicales, dans les conditions déterminées par les titres I à V de la présente loi. »

Le projet de loi fixant la retraite à 65 ans est mal accueilli

Puis, après une longue discussion, la Chambre, à la veille de se séparer, décidait que pendant la période des vacances parlementaires, le projet de loi serait soumis au monde du travail. Le gouvernement fut invité à consulter les associations professionnelles patronales et ouvrières, industrielles, commerciales et agricoles légalement constituées et les Chambres de Commerce sur le projet de loi relatif aux retraites ouvrières. La consultation ouverte par le Ministre du Commerce durant les vacances parlementaires fut close le 20 septembre 1901. Le 22 octobre, Guieysse communiquait à la Chambre le dossier de l'en-

Le rentrayeur de tapisseries

Retraites : points de repère

Les premiers régimes de retraites ont été instaurés pour des catégories professionnelles particulières, liées à l'Etat : les marins (1673), les militaires (1831), les fonctionnaires civils (1853), les mineurs (1894) et les cheminots (1909). Ces catégories restent couvertes aujourd'hui encore par des régimes spéciaux.

1853 : Loi du 9 juin unifiant les pensions de fonctionnaires civils et organisant un régime de pension par répartition géré par l'Etat.

1910 : Premier régime interprofessionnel de retraite, mais non obligatoire, en vigueur jusqu'au 1er juillet 1930.

1930 : Création des assurances sociales. Elles sont obligatoires pour les salariés du privé en deçà d'un certain niveau de salaire.

1945 : Naissance du régime par répartition. Création de la Sécurité Sociale.

1947 : Création du régime complémentaire des cadres, l'Association générale des institutions de retraites des cadres (AGIRC). Il s'agit alors d'un régime obligatoire, qui n'applique qu'une seule réglementation.

1947-1961 : Création et développement des premières institutions de retraite complémentaire pour les salariés non-cadres. Création du régime de retraite des agents non-titulaires de l'Etat, qui deviendra l'IRCANTEC en 1971.

1956 : L'Etat crée le minimum vieillesse. Toute personne de plus de 65 ans a droit à un montant minimal de ressources. C'est le fonds national de solidarité.

1961 : Extension de la retraite complémentaire pour les salariés non-cadres du secteur privé. L'association des régimes de retraite complémentaire (ARRCO) est chargée de fédérer les institutions de retraite complémentaire apparues au cours des années 50 et d'assurer leur équilibre financier.

1982 : Abaissement de la retraite à 60 ans.

1999 : Mise en place du régime unique ARRCO à partir du 1er janvier 1999. Création du Fonds de réserve par la loi de financement de la Sécurité sociale.

2000 : Création du conseil d'orientation des retraites (rôle d'expertise et de concertation).

2001 : Signature d'un accord paritaire concernant les régimes AGIRC et ARRCO. Les 45 régimes de l'ARRCO sont transformés en un régime unique. Par ailleurs, une solidarité financière est instituée entre l'AGIRC et l'ARRCO.

quête. Elle renfermait 2 380 réponses : les résultats étaient décourageants. Tous les corps consultés avaient témoigné une aversion irrésistible pour l'assurance obligatoire. En 1902, Guieysse déposa son troisième rapport suivi d'un nouveau projet. Mais la chambre ne reprit pas la discussion d'une loi sur les retraites.

Par la suite une douzaine de propositions furent déposées sur le bureau de la Chambre des Députés, dont l'analyse fut effectuée dans un rapport présenté le 22 novembre 1904. La France doit rattraper les pays qui l'ont devancée dans le domaine des retraites. L'œuvre est certainement délicate, car à côté des difficultés financières et matérielles, nous aurons à lutter hélas ! contre ceux mêmes que nous voulons doter. Mais il est un fait facile à prévoir : quand on veut réformer des habitudes mauvaises et améliorer la condition des individus en les obligeant à rompre avec un état de choses ancien, quand il faut pour cela exiger d'eux des efforts sérieux et surtout des privations, il est certain qu'on doit se préparer a secouer l'inertie et à lutter contre l'insouciance, la routine et la crainte. ∎

D'APRÈS...
> *La question des retraites ouvrières* paru en 1906

La France pittoresque   XIVe XVe **XVIe** XVIIe   Faune/Flore

Un JARDIN en 1583 : beauté, exhalaisons et vertus médicinales

Les estampes qui représentent des châteaux et des maisons de plaisance, nous les montrent généralement précédés de parterres, de pelouses circonscrites par de larges bordures, et de terrasses ornées d'arbustes en caisse. Quelles fleurs cultivait-t-on dans ces parterres et quels étaient les arbustes d'ornement en faveur à cette époque ? Voici un document qui peut jeter quelque lumière sur cette question.

Arbustes d'ornement et plantations odoriférantes

Le 10 avril 1583, d'après un contrat passé chez Bergeon, notaire à Paris, Bernardin Prévost, chevalier, seigneur de Villabey et de Villenoy, conseiller du roi en son conseil privé et d'état, et deuxième président en sa cour de parlement de Paris, et sa femme, Madeleine Potier, font, avec Nicolas Yon, maître jardinier de Paris, les accords suivants : Yon s'engage à cultiver et entretenir le jardin attenant à la maison de campagne de Charenton, du sieur Prévost et de sa femme ; il s'engage à entretenir les bordures, fournir les semences de fleurs et de légumes, tondre, remplir et garnir les parterres et compartiments, à labourer dans la saison voulue, les jardins potagers et allées d'arbres, écheniller, émonder et tailler les arbres fruitiers et autres, à nettoyer et ratisser les allées, entretenir les palissades, en un mot, à maintenir le jardin en bon et suffisant état. Les propriétaires ont soin de spécifier quelles sont les plantes cultivées dans leur domaine et qu'il doit restituer quand le contrat sera résilié ou prendra fin.

Ce sont, pour les bordures, le romarin, le thym, la lavande, l'aspic, la marjolaine, la sauge, l'hysope et la rue, toutes plantes fort communes, mais dont la plupart sont très odoriférantes. Les rosiers sont de deux sortes, les blancs et les rouges, et c'étaient probablement des rosiers au cent feuilles, les rosiers remontants n'étaient pas encore connus à cette époque. Les arbustes d'ornement et de serre sont les orangers, les citronniers et les grenadiers. On fait une très grande différence entre les

Gravure de Jean-Baptiste Hilair

Des greffes extraordinaires aux XVIe et XVIIe siècles

Les Anciens avaient écrit qu'on pouvait, à son gré, retarder ou avancer la fructification d'un arbre. Il ne faut pour cela, selon eux, que le greffer sur un autre, dont la végétation est plus lente, ou plus hâtive que la sienne. Ainsi, si vous voulez du raisin précoce, greffez, disent-ils, votre vigne sur un cerisier ; si vous voulez des mûres tardives, que votre mûrier soit greffé sur un néflier.

Au XVIe siècle, certains auteurs affirment même qu'on pouvait changer ainsi la couleur du fruit. Greffez un mûrier sur un peuplier, dit Liébaut, vous aurez des mûres blanches ; un citronnier sur un mûrier, il vous donnera des citrons rouges. Mizaud assure avoir vu des mûres jaunes, des poires rouges en dedans, des pommes dont la chair était bleue, et d'autres merveilles semblables. Il prétend également avoir vu un arbre portant à la fois des pommes, des noix, des raisins et des fleurs. Ce fait, qu'on a pu rendre possible soit par la greffe, soit en écussonnant sur l'arbre, lorsqu'elles étaient encore en bouton, les productions différentes qu'on voulait y faire naître, prouve l'effet de bizarrerie qui régnait alors en France parmi les amateurs de jardinage. Un jardinier d'Orléans présenta, dit-on, à Louis XIV, un oranger auquel il avait fait porter, par ce dernier procédé, quarante sortes de fruits différents.

Liébaut et le frère Denis, affirmèrent qu'avec une greffe formée de quatre différents pommiers, on obtiendrait des pommes ayant à la fois quatre formes, quatre couleurs, et quatre sortes de goûts différents. Selon l'auteur du *Théâtre d'Agriculture*, l'opération réussit cependant plus sûrement sur les fruits à noyau que sur les fruits à pépin, parce qu'on peut semer les quatre noyaux fort près les uns des autres, et qu'il est possible, quand leurs jets commencent à pousser, de les réunir dans un tuyau de roseau pour les forcer de ne plus faire qu'un seul arbre.

Tous ces beaux secrets étaient regardés alors comme la quintessence de l'art. Boiceau, l'Intendant des jardins des Maisons Royales, en parle avec respect en 1707 dans son *Traité du Jardinage* : il ne craint pas d'avancer que c'est ainsi qu'on fait naître des raisins et d'autres fruits bigarrés. L'auteur met quelques restrictions à ses préceptes, exigeant que les sujets greffés ensemble soient analogues, que leur nature se convienne, et qu'ils aient, pour la maturité de leurs fruits, une même saison. ■

*D'après... **Histoire de la vie privée des Français depuis l'origine de la nation jusqu'à nos jours** paru en 1782*

orangers et citronniers *anthés* ou greffés, et les sauvageons ; le sieur Yon ne pourra toucher aux produits des premiers, qu'il devra néanmoins entretenir en bon état ; quant aux sauvageons et aux *pouceuses*, c'est le nom que portent dans l'acte les boutures ou drageons, il devra en rendre la même quantité qu'il en aura reçue. Libre à lui de les vendre et d'en tirer parti, pourvu qu'il les remplace et en restitue le même nombre quand le contrat aura pris fin. Le nombre des orangers, citronniers et grenadiers greffés n'est pas spécifié dans l'acte : les sauvageons sont assez nombreux : il y en a 18 de très grands, 76 en pots, et une quantité presque

Gravure de Jean-Baptiste Hilair

égale dans des baquets où ils sont plusieurs réunis ensemble ; deux autres baquets renferment également de petits grenadiers en nombre indéterminé.

Eaux de toilette, pommades et onguents

Comme détail intéressant, notons la réserve que se fait la dame Prévost des *tontures* des plantes odoriférantes et des fleurs des rosiers ; elle en composait probablement, comme l'ont fait jusqu'à notre époque toutes les bonnes ménagères, ces eaux de toilette que les produits modernes n'ont peut-être pas, selon nous, toujours avantageusement remplacés, et ces pommades et onguents dont toutes les maisons bourgeoises étaient abondamment pourvues. Composés d'éléments inoffensifs, ils ne pouvaient être nuisibles à la santé, et guérissaient les brûlures, les meurtrissures, et une foule d'autres petites misères, pour lesquelles on s'adresse aujourd'hui à un médecin.

Le sieur Yon n'aura non plus aucun droit sur les fruits qui sont tous réservés aux propriétaires, particulièrement les raisins dont ils paraissent faire grand cas. Les arbres fruitiers formaient des allées, et le sieur et la dame Prévost se réservent le droit d'augmenter comme il leur plaira le nombre et l'étendue de ces allées, sans que le sieur Yon, qui n'en touche aucun produit, mais doit néanmoins les entretenir, ait droit de s'en plaindre. Enfin, le sieur et la dame Prévost se réservent le droit de prendre tous les légumes et les salades qu'il leur plaira pour l'entretien de leur ménage, dans leurs maisons de Paris et de Charenton. Le surplus appartiendra au sieur Yon, consistant de la vente des orangers et citronniers, qu'il pourra produire par boutures ou semis, et dans ce que les propriétaires ne voudront pas en fait de légumes.

Les sieur et dame Prévost signent d'une large et belle écriture ce contrat et Yon, qui évidemment ne sait pas écrire, trace péniblement au-dessous une pelle, instrument de son métier qu'il connaît sans doute mieux qu'une plume. ■

Gravure de Jean-Baptiste Hilair

Fête du Bois Hourdy

En février 1888, à Chambly, près de Beaumont-sur-Oise, une fête assez étrange attira environ cinq mille personnes. Chambly était alors une charmante petite ville de 1300 âmes environ, anciennement fortifiée, son église étant classée parmi les monuments historiques.

Une vieille coutume veut qu'au commencement de chaque année, on brûle publiquement, en grande solennité, un arbre provenant d'un bois spécialement consacré à cette espèce de culte. C'est pour les habitants une occasion de réjouissances où la civilisation a sans doute chassé la simplicité primitive, accordant tout juste à la tradition ce qui est l'objet principal de la fête. Il est à présumer qu'au début le corps des pompiers, par exemple, qui figure aujourd'hui dans le cortège, n'y avait point sa place. Le bois Hourdy fut donné autrefois à la commune par un vieux célibataire, à condition de ne point le soustraire à sa destination. C'est de là que vient l'arbre sacré, *sacra arbor*, offert en holocauste.

Cette victime inconsciente, dans l'intérieur de laquelle on a disposé force pétards et pièces d'artifice, est portée solennellement, sur un vaste bûcher dressé sur la grande place de Chambly. A midi, heure fixée pour le sacrifice, le président de la fête met le feu aux fagots, et bientôt s'élève une longue colonne de fumée qui monte capricieusement vers le ciel, à la grande joie des assistants, et se traduit par des vivats frénétiques auxquels répondent d'innombrables détonations. Jadis, le soin d'allumer le bûcher revenait de droit au célibataire le plus âgé ; c'était un hommage rendu à la mémoire de celui qui avait institué la fête. Depuis dix ans on a dérogé à l'usage et le roi de la journée est choisi parmi ce qu'on appelle les notabilités de l'endroit. On lui adjoint une cour brillante de jeunes filles et de jeunes gens. ■

Le chêne légendaire du Bois Hourdy

D'APRÈS... ***Le Magasin pittoresque*** paru en 1888

D'APRÈS...
> ***Le Magasin pittoresque*** paru en 1888

La FACÉTIE des sept !

De tout temps, en France, mais surtout au quinzième et au seizième siècles, les jeux de mots, les « équivoques à deux ententes » que l'on appelait aussi des *entends-trois*, les rébus, etc., ont été en grande faveur. La Picardie, plus particulièrement, était renommée par l'ingéniosité que ses habitants apportaient à ces jeux d'esprit plus ou moins délicats, et parfois même assez grossiers, mais qui avaient au moins le mérite d'amuser nos aïeux et quelquefois de les aider à supporter les misères et les duretés de l'existence. Au XVIe siècle, les *rébus de Picardie* étaient fort connus : « Car en rébus de Picardie / Une faux, un estrille, un veau, / Cela fait : *estrille Fauveau* », a dit Clément Marot.

Nous ne savons où prit naissance la facétie NOUS SOMMES SEPT dont notre gravure reproduit une des formes d'après une sculpture en pierre peinte conservée au musée de Douai, mais nous pensons que ce fut également en Picardie, car cette sculpture provient d'un ancien couvent picard où elle devait avoir été placée à l'occasion d'une de ces fêtes que l'on célébrait autrefois dans les églises, notamment sous le nom de *Fête des fous*. On la montrait au naïf spectateur qui s'évertuait à en compter les acteurs, et qui n'en trouvant que six, les trois fous, le singe, le chat et le hibou, manifestait sa surprise : « — Comment, disait-il, *Nous sommes sept* ! mais je n'en vois que six ! — Eh ! bien, lui répondait-on, puisqu'en lisant l'inscription vous dites, *Nous sommes sept* ! c'est donc que vous en faites aussi partie... » Et tout le monde de rire, car on riait facilement en ce temps-là : on chantait beaucoup aussi, à tous les repas, et même dans les conversations. D'anciennes gravures assez rares reproduisent également cette facétie des sept en représentant soit des mulets, soit des personnages grotesques montés sur des ânes. ■

Sculpture sur pierre peinte du XVIIe siècle

D'APRÈS... *Le Magasin pittoresque* paru en 1888

antichambre. Ainsi l'affirment Furetière, Génin, Littré et Rozan. Toubin ne partage nullement cet avis : « A supposer, dit-il, des artistes assez mal élevés pour se permettre une telle inconvenance, pourquoi auraient-ils dessiné rien que des enfants grotesques et non autre chose ? »

Certains la font venir de la fable d'Esope « Le loup et la vieille femme », imitée par La Fontaine « Le loup, la mère et l'enfant », ou plutôt le conte populaire auquel cette fable a donné naissance. Voici, d'après Toubin, le résumé de ce conte : Le loup attend à la porte de la ferme. Les habitants sortent les uns après les autres, et chacun lui adresse la parole en passant : — Loup, que fais-tu là ? Tu n'as donc pas peur de la neige ? — Tu n'as donc pas peur du vent ? — Tu n'as donc pas peur du froid, des bâtons qui vont te battre, des fourches qui vont te percer, des chiens qui vont te déchirer ? A chaque question le loup répond : Je n'ai pas peur de la neige, il y en a bien plus dans le bois ; du vent, il y en a bien plus dans le bois, etc. J'attends pour croquer le marmot. Pour exprimer les impatiences de l'attente, on a pu dire d'abord : Faire comme le loup qui attendait pour croquer le marmot ; puis, attendre pour croquer le marmot, et enfin : croquer le marmot. D'autres lient cette expression à l'usage féodal d'après lequel le vassal qui allait rendre hommage à son seigneur devait, en l'absence de celui-ci, réciter à sa porte, comme il l'eût fait en sa présence, les formules de l'hommage, et baiser à plusieurs reprises le verrou, la serrure ou le heurtoir, appelé *marmot* à cause de la figure grotesque qui y était ordinairement représentée. En prononçant ces formules, il semblait murmurer de dépit entre ses dents, et en baisant le marmot, il avait l'air de vouloir le *croquer*, le

Heurtoir du XVIIe siècle

Pourquoi « CROQUER le marmot »

Si la signification de la locution *croquer le marmot* fait l'unanimité — attendre longtemps avec impatience —, son origine est loin d'être aussi claire. En peinture, *croquer*, c'est faire l'esquisse d'un tableau ou d'un portrait. Certains prétendent qu'autrefois les compagnons peintres avaient l'habitude de croquer des marmots sur la muraille pour se désennuyer, lorsqu'ils étaient obligés d'attendre longtemps dans un escalier ou une

Un heurtoir

dévorer. L'expression est confirmée par la locution italienne *Mangiare le catenacci*, signifiant *manger les cadenas ou verrous*, qui s'emploie dans le même sens.

Si le mot *marmot* désigne effectivement un heurtoir, Paul Guiraud, professeur adjoint à la Faculté des Lettres de Paris à la fin du XIXe siècle, retrouve en *croquer* le sens ancien de *frapper* au XVIe siècle. La traduction originelle de *croquer le marmot* serait donc : « attendre devant une porte en cognant impatiemment le heurtoir ». ■

D'APRÈS... *Questions et réponses littéraires, historiques, scientifiques et artistiques* paru en 1907

Personnages — XIIIe XIVe XVe XVIe

Si la France m'était contée...

La mystérieuse fortune de l'écrivain alchimiste Nicolas FLAMEL

Occupant la première place dans les récits de la science transmutatoire, Nicolas Flamel naquit à Pontoise, vers 1330. Bien que d'une fortune très médiocre, ses parents purent lui donner une éducation libérale pour l'époque.

De jeune écrivain public doué pour les affaires, il devient librairie

Certaines connaissances dans les lettres étaient en effet nécessaires pour venir, comme il le fit, jeune encore, dans la capitale du royaume en qualité d'écrivain public. Bientôt, il contracta une union venant beaucoup ajouter à sa première aisance, épousant une veuve que l'on croit née à Paris, dame Pernelle : une personne de mérite, économe, prudente, sage et expérimentée, belle, deux fois veuve, ayant quarante ans passés, point d'enfants et une dot que l'on estime honnête au vu de ses effets immédiats sur la situation de la communauté.

En face de leur échoppe, les époux achetèrent un terrain vacant et y firent bâtir une maison à l'enseigne de la *Fleur de Lys*, qui accueillait les gens de cour venant y recevoir de l'écrivain expert des leçons d'écriture qu'ils payaient fort chèrement. Dans la bourgeoisie du quatorzième siècle, bâtir était l'emblématique manifestation d'une fortune en train de se consolider.

Nicolas Flamel

A cette époque, Nicolas Flamel n'avait encore touché que de fort loin aux principes de l'alchimie. Si, désireux d'étendre le cercle de ses affaires, il joignit à sa profession d'écrivain l'industrie de libraire, s'il entreprit un nombre considérable de travaux dans l'art de l'écriture, où il excellait, il n'opérait encore qu'au grand jour et sur des matières connues. Tandis qu'une laborieuse activité régnait dans ses échoppes, sa maison se remplit de beaux livres richement enluminés trouvant un excellent débit ; il s'entoura de nombreux élèves qui rétribuaient ses leçons en raison du talent et de la vogue de leur maître. Autant d'occasions de s'enrichir, mais fort peu de se mettre en contact avec la science des philosophes hermétiques.

Une nuit, raconte la légende, Nicolas Flamel dormait d'un profond somme, quand un ange lui apparut, tenant à la main un livre d'une antiquité vénérable et d'une magnifique apparence : « Flamel, lui dit l'ange, regarde bien ce livre, tu n'y comprends rien, ni toi, ni bien d'autres, mais tu y verras un jour ce que nul n'y saurait voir. » Et, comme Flamel tendait la main pour recevoir le don précieux qu'il croyait lui être offert, l'ange et le livre disparurent à la fois dans un nuage d'or. La prédiction céleste tardait à s'accomplir, cependant qu'un jour de 1357, Flamel, n'y songeant plus, acheta d'un inconnu un vieux livre qu'il reconnut, dès la première inspection, pour celui de son rêve. Il passa dès lors ses jours et ses nuits à l'étudier, le cachant à tous les yeux, ne confiant le secret de sa possession qu'à Pernelle.

L'acquisition d'un livre occulte change son destin

Croyant lire très clairement toutes les opérations à mettre en pratique et consignées dans les premiers feuillets de l'ouvrage, il se voyait cependant arrêté par son ignorance sur la matière première. En l'absence de l'ange, il s'en remit un temps à Dieu. Sa prière ne fut point exaucée, mais Flamel ne se rebuta pas et prit la résolution d'invoquer le savoir de quelques personnages plus éclairés que lui. Exposant dans son logis une copie de son livre et déclarant à qui prêtait une oreille attentive que les figures enseignaient le secret de la pierre philosophale, il se trouva parmi les visiteurs un licencié en médecine, maître Anseaulme, qui prit la chose au sérieux. Grand amateur d'alchimie, Anseaulme prétendit d'après l'examen de cette copie que six ans étaient nécessaires pour parfaire la pierre, après quoi il fallait « tourner l'horloge et ne cuire plus », ajoutant que le premier agent était figuré par l'eau blan-

Personnages

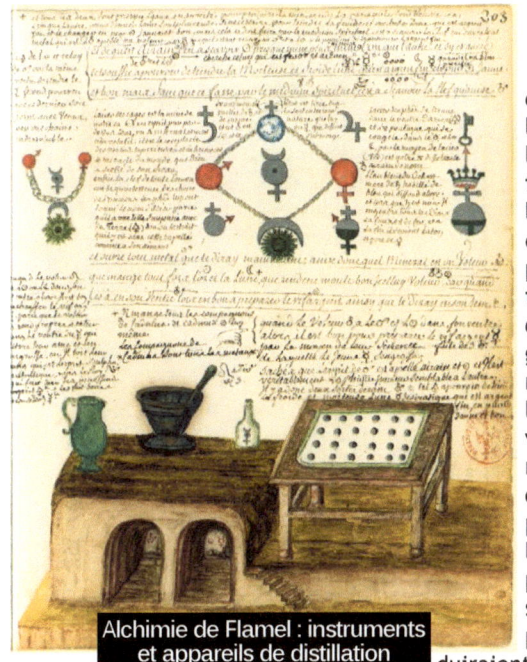
Alchimie de Flamel : instruments et appareils de distillation

che et pesante, le vif-argent, que l'on ne pouvait fixer que par une longue décoction dans un sang très pur de jeunes enfants ; que, dans ce sang, le vif argent se combinant avec l'or ou l'argent, se convertissait premièrement avec eux en une herbe, puis en serpents, lesquels étant parfaitement desséchés et cuits par le feu, se réduiraient en une poudre couleur d'or qui serait la pierre philosophale ; que l'action de six ans était comme un second agent.

Nicolas Flamel employa plus de vingt ans à vérifier par ses recherches les commentaires du licencié, s'exprimant lui-même ainsi : « Cela fut cause que durant le long espace de vingt et un ans, je fis mille brouilleries, non toutefois avec le sang, ce qui est méchant et vilain ; car je trouvai dans mon livre que les philosophes appelaient sang l'esprit minéral qui est dans les métaux, principalement dans le soleil, le lune et Mercure, à l'assemblage desquels je tendais toujours ». Après ces années d'efforts, l'alchimiste, muni du consentement de Pernelle, se mit en route pour l'Espagne avec l'idée d'en parcourir les synagogues et d'y découvrir quelque docte juif capable de lui donner l'interprétation véritable des figures mystérieuses dont il poursuivait en vain la signification. Portant le bourdon et l'habit du pèlerin, muni d'une copie des peintures de son précieux ouvrage, il arpenta l'Espagne en 1378 sans succès.

Vingt-cinq ans d'efforts pour créer sa pierre philosophale

C'est en s'acheminant vers le nord afin de rentrer en France qu'il fit la connaissance de maître Canches, médecin très versé dans les sciences sublimes, qui lui donna l'explication de tous les emblèmes contenus dans l'ouvrage. Trois ans plus tard, il composa, d'après ses dires mais sans entrer dans le détail de la manipulation, la pierre des sages. Après l'année 1382, quelle que soit l'opinion à laquelle on s'arrête pour expliquer son origine, il est certain que la fortune des époux Flamel s'était considérablement accrue. Ils

Le trésor de Flamel dans la plus ancienne maison de Paris ?

Au n°51 de la rue de Montmorency, presque à l'angle de la rue Saint-Martin, s'élève une vieille maison connue sous le nom de « Maison de Nicolas Flamel ». Sa façade, qui comprend trois étages percés chacun de deux fenêtres rectangulaires, en comprenait autrefois deux et se terminait par un haut pignon flanqué de deux cheminées. Elle est ornée à sa partie inférieure d'une série de médaillons sculptés et d'inscriptions restaurées au début du XXe siècle. Les jambages en pierre de liais reposent sur une base moulurée. Au-dessus de la façade règne une corniche dont le profil date du début du XVe siècle. Sous celle-ci se déroule, en caractères gothiques, une longue inscription donnant la date de construction de la maison et indiquant le but poursuivi par Nicolas Flamel : « Nous hommes et femmes laboureurs demourans ou porche de ceste maison qui fu faicte en l'an de grace mil quatre cens et sept sommes tenus chascun en droit soy dire tous les jours une patenostre et un Ave Maria en priant Dieu que de la grace face pardon aux povres pecheurs trepassez. Amen ». Malgré la clause contenue dans le texte de cette inscription, la maison, dont les appartements étaient loués, ne put jamais, malgré le désir de Nicolas Flamel, être transformée en asile.

Grâce à l'heureuse gestion de ses affaires, Nicolas Flamel, écrivain public et maître d'écriture des fils des seigneurs de la cour, puis plus tard libraire de l'Université, avait réussi à amasser une assez grosse fortune. C'est en février 1406 qu'il acheta rue de Montmorency, alors bordée de vieilles masures et de terrains délaissés et abandonnés, un terrain appartenant au prieuré de Saint-Martin et situé près d'une maison dont il était déjà propriétaire. A l'est, des bâtiments, qui avaient autrefois servi d'étuves, tombaient en ruines. Le 22 juin de cette même année, il achetait encore « certains louages et deux petites estables à chevaux », qui se trouvaient entre le terrain qu'il avait acquis et la maison d'angle de la rue Saint-Martin. Enfin, le 17 novembre, après de longs pourparlers avec les moines de Saint-Martin, et en échange de rentes cédées au prieuré, celui-ci abandonnait à Flamel tous ses droits sur ces terrains pour bâtir « des édifices de telle ordonnance qu'il lui plairoit, soit maisons d'aumône par manière d'hôpital ou autrement ». Flamel mit aussitôt les ouvriers, et la maison s'éleva dans le cours de l'année 1407. On l'appela le *Grand Pignon*, pour la distinguer des maisons voisines qui étaient restées basses. Le 16 janvier 1408, le mur mitoyen, avec les étuves, était achevé, en moellons et plâtre, bordé sur la rue par une « jambe étrivière en pierre de liais », comme en font foi les rapports rédigés le 30 janvier, après les visites de Jehan Luillier et Jehan Petit, maçons, et de Jehan Delaye, charpentier, jurés du roi.

A sa mort, en 1418, Flamel donna cette maison à la paroisse Saint-Jacques, et, malgré l'inscription gravée sur la façade, elle continua à être louée dans de bonnes conditions. Le lendemain de sa mort, on fouilla dans sa maison de la rue Marivaux, espérant y trouver de l'or ou, du moins, la pierre philosophale, et, près de deux

Maison dite de Nicolas Flamel, à Paris

siècles et demi après, cette idée était encore vivace. En 1756, des particuliers, se disant désireux de réparer la maison, obtinrent de la paroisse Saint-Jacques d'y mettre les ouvriers ; ils démolirent pierre par pierre le rez-de-chaussée, et remplacèrent les anciennes pierres gravées par de nouvelles, mais ils ne trouvèrent rien, et disparurent sans payer les maçons. ■

*D'après... **Bulletin monumental** paru en 1912*

Personnages

étaient propriétaires, à Paris, de plus de trente maisons et domaines. Déjà âgés, sans enfants et sans espérance d'en avoir, les Flamel résolurent de consacrer leurs richesses à des œuvres de bienfaisance et de miséricorde.

Leur petite maison de la rue Marivaux devint un lieu d'asile ouvert aux orphelins dans la détresse. Ils prodiguèrent des secours aux pauvres, fondèrent des hôpitaux, bâtirent ou réparèrent des cimetières, dépensèrent de notables sommes d'argent à la construction et à l'embellissement de monuments religieux. C'est ainsi qu'ils firent élever et décorer à leurs frais plusieurs arcades du cimetière des Innocents, le portail nord de Saint-Jacques-la-Boucherie, et qu'ils contribuèrent à élever le portail de Sainte-Geneviève-des-Ardents. Il convient d'ajouter les constructions de Nicolas Flamel au charnier des Innocents, qui retraçaient par leurs décorations symboliques les emblèmes de l'art qui, selon la tradition, fut l'origine de sa fortune. Après la mort de sa femme Pernelle, survenue le 11 septembre 1397, Flamel acheta ou construisit plusieurs maisons dans la rue Saint-Martin et la rue Montmorency. Les hôtes payaient loyer ; quelques-uns peut-être étaient logés gratuitement. L'alchimiste, qui paraît avoir fort encouragé les institutions charitables, pensait peut-être à transformer ces maisons en asiles.

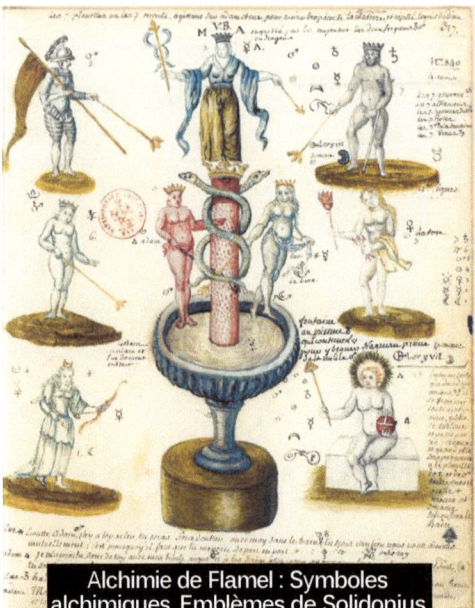

Alchimie de Flamel : Symboles alchimiques. Emblèmes de Solidonius

Flamel fait un usage louable de sa « mystérieuse » fortune

Concernant l'opulence de Flamel, deux opinions ont eu cours, s'excluant l'une l'autre. Dans la crainte d'accorder trop de foi à la légende, soit l'on essaye de dépouiller Flamel de sa qualité de philosophie hermétique, soit l'on conteste ses richesses. Or si nous ne possédons aucune preuve réelle de sa découverte de la pierre philosophale, la fortune extraordinaire de Flamel était chose notoire, même de son vivant. Le roi Charles VI crut à cet égard devoir envoyer chez lui un maître des requêtes pour s'assurer du fait. M. Cramoisi, qui fut chargé de cette mission, trouva le philosophe vivant pauvrement dans sa modeste échoppe, et se servant, à son ordinaire, de vaisselle de terre, comme le plus humble des artisans. Cramoisi ayant rendu compte au roi des résultats de sa visite et de son enquête, l'artiste ne fut point inquiété.

On a prétendu que Nicolas Flamel avait pu s'enrichir en s'appropriant les dépôts ou les créances des juifs proscrits. Du vivant de l'alchimiste, ceux-ci furent persécutés trois fois, c'est-à-dire chassés du royaume, puis rappelés, moyennant finance. Or, en 1346, date de la première persécution, Flamel n'était qu'un garçon de quinze ou seize ans. En 1354, date de la seconde, il commençait à peine son petit établissement d'écrivain public, et personne ne parlait encore de sa fortune. « Ce bonhomme, dit Leuglet du Fresnoy, aurait-il été en Espagne chercher les juifs, si lui-même les avait volés et dépouillés de leurs biens ? » Enfin, la troisième persécution, qui intervint après que le gouvernement leur ait octroyé un séjour non interrompu de plus de trente ans dans le royaume, eut lieu en 1393 sous Charles VI, postérieurement à un grand nombre des fondations de Flamel. En outre, l'ordonnance de 1394 avait un caractère purement religieux et politique, ne les dépouillant pas.

Mort le 22 mars 1418, Nicolas Flamel fut enterré dans l'église Saint-Jacques-la-Boucherie, ayant de son vivant payé les frais de sa sépulture dont il avait désigné la place devant le crucifix et la sainte Vierge. Beaucoup d'écrivains affirmèrent que, plein de vie à cette époque, il ne fit que disparaître de Paris pour aller rejoindre Pernelle, laquelle, quelques années auparavant, avait disparu de son côté pour se rendre en Asie, opinion qui se répandit jusqu'en Orient et qui existait encore au XVIIe siècle. ■

D'APRÈS...
> *L'alchimie et les alchimistes* paru en 1860

Une demi-livre de plomb se transforme en or...

Nicolas Flamel narra ses recherches et expériences sur la pierre philosophale. Voici un extrait du récit de sa découverte...

« Finalement, je trouvais ce que je désirais, ce que je reconnus aussitôt par la senteur forte. Ayant cela, j'accomplis aisément le magistère ; aussi, sachant la préparation des premiers agents, suivant après mon livre à la lettre, je n'eusse pu faillir, encore que je l'eusse voulu. Donc, la première fois que je fis la projection, ce fut sur du mercure dont je convertis une demi-livre ou environ, en pur argent, meilleur que celui de la minière, comme j'ai essayé et fait essayer par plusieurs fois. Ce fut le 17 janvier, un lundi, environ midi, en ma maison, présente Pernelle seule, l'an de la restitution de l'humain lignage mil trois cent quatre-vingt-deux. Et puis après, en suivant toujours de mot à mot mon livre, je la fis avec la pierre rouge, sur semblable quantité de mercure, en présence encore de Pernelle, seule en la même maison, le vingt-cinquième jour d'avril suivant de la même année, sur les cinq heures du soir, que je transmuais véritablement en quasi autant de pur or, meilleur très certainement que l'or commun, plus doux et plus ployable.

« Je peux le dire avec vérité, je l'ai parfaite trois fois avec l'aide de Pernelle, qui l'entendait aussi bien que moi, pour m'avoir aidé aux opérations, et sans doute, si elle eût voulu entreprendre de la parfaire seule, elle en serait venue à bout (...) Et vraiment, dit-il en s'adressant au lecteur, dont il vient d'embrouiller l'esprit en parlant de *siccité* et d'*humidité*, d'*albification* et de *rubification*, de *laict virginal solaire* et de *mercure cintrin rouge*, d'*œuf philosophique* et de *poulet*, et vraiment je te dis un secret que tu trouveras bien rarement écrit ; aussi je ne suis point envieux. Plût à Dieu que chacun sût faire de l'or à sa volonté, afin que l'on vécût menant paître ses gras troupeaux, sans usure et procès, à l'imitation des saints patriarches, usant seulement, comme les premiers pères, de permutation de chose à chose, pour laquelle avoir il faudrait travailler aussi bien que maintenant. » ■

EXTRAIT DE... ***Figures hiérogliphiques**, de Nicolas Flamel* traduit du latin en 1612

L'essor du commerce avantage les BANQUIERS succédant aux CHANGEURS

Assis sur un banc et installés dans presque toutes les villes de France, les changeurs étaient indispensables au bon fonctionnement des échanges commerciaux, ayant même leur emplacement déterminé dans la capitale, sur le Grand Pont ou Pont au Change. Un seul exerçant à Paris en 1609, la confrérie cessa d'exister, et les banquiers – dont le nom est issu de *banca* signifiant *banc* – leur succédèrent.

Il n'y avait pas, au Moyen Age, de problème plus difficile pour les vendeurs et les acheteurs que de se reconnaître au milieu des monnaies si nombreuses que l'on rencontrait sur les marchés de notre pays. Chaque prince, chaque seigneur, chaque prélat, chaque abbé avait sa monnaie, car au nombre des droits des seigneurs suzerains figurait celui de battre monnaie.

La profusion de monnaies exige un changeur pour la conversion

Il fallait donc savoir reconnaître les différents types et cela n'était pas aisé pour des gens dont la plupart ne savaient pas lire. Puis, en ce temps-là, il s'en fallait de beaucoup qu'on fût toujours honnête ; l'histoire de nos rois est là pour nous apprendre que, jusqu'au XVe siècle, plus d'un fit de la monnaie qui ne contenait pas l'exacte quantité d'or ou d'argent qu'il fallait pour qu'elle eût bien la valeur indiquée sur sa face ou sur son revers. Il était donc nécessaire de peser la monnaie, pour savoir si elle était bonne ou mauvaise.

Ces opérations étaient le travail des *changeurs*. Ils n'avaient pas besoin, pour exercer leur métier, d'une installation compliquée. Ils s'asseyaient sur un banc, ayant devant eux une petite table sur laquelle il y avait une balance et des piles de pièces de métal ; on leur apportait les pièces de monnaie : ils en déterminaient l'origine et la valeur, et plus d'une fois ils durent faire la transaction entre le client et l'acheteur, car ils étaient habitués a compter beaucoup et vite. Il devaient également recevoir les monnaies anciennes ou dont le cours n'était plus permis, et envoyer aux hôtels des monnaies les pièces défectueuses reçues.

Ils ne se bornèrent à ce change de monnaies, peu lucratif en somme, qu'à une époque où le commerce n'était pas très florissant. Les relations commerciales de pays à pays devenant plus fréquentes et plus étendues, le rôle des changeurs se modifia sensiblement. Au lieu d'apporter des espèces avec eux, les marchands se munirent de simples lettres de change, plus commodes à transporter et qui couraient moins de risques. Les changeurs devinrent de véritables banquiers.

Ils pratiquent le prêt à intérêt pour rentabiliser leur activité

Avant que l'usage des lettres de change fût très répandu, le prêt à intérêt, bien que l'Église le défendît toujours, était ouvertement pratiqué ; d'où deux sources de revenu très fructueuses : les opérations de banque et le prêt à intérêt. Au XIIIe siècle, le roi concéda aux changeurs le droit d'ouvrir boutique à titre viager et moyennant dix livres de rente. Ce taux varia peu par la suite. Du reste, les monnayeurs royaux

Un changeur au XIIIe siècle. Vitrail de la cathédrale du Mans

Sceau de bureau de Dampmartin, changeur et bourgeois de Paris

Pont au Change et Quai de l'Horloge, par Civeton (1829)

arche du pont. Ce pont n'était plus alors que de bois ; construit d'abord en pierre, la majeure partie en avait été emportée en 1296 par une inondation : on lui donna le nom de *Pont aux Changeurs* ou de *Pont au Change*, sous lequel il est encore aujourd'hui connu. L'autre partie du pont était occupée par des forgerons et des orfèvres. Ces derniers eurent des querelles avec les changeurs, dont ils usurpaient les privilèges. Charles le Bel, en 1325, confirma l'ordonnance de Philippe le Bel et défendit n'en conservaient pas moins le droit de changer les espèces défectueuses qu'on leur présentait, et sur ce point faisaient une concurrence aux véritables changeurs.

Dans presque toutes les villes, les boutiques des changeurs occupaient un emplacement déterminé. A Rouen, ils demeuraient dans la rue de la Cornoiserie. A Paris, les changeurs étaient groupés dès 1141 sur le *Grand Pont*. En 1304, d'après une ordonnance de Philippe le Bel, ils occupèrent les boutiques de ce pont, du côté de la Grève, entre Saint-Leufroi et la grande d'exercer le change à Paris ailleurs que sur le Grand Pont, sous peine de confiscation des choses échangées ; et pour assurer l'exécution de ce règlement, il décida que les changeurs qui, par leurs délations, donneraient lieu aux confiscations, en auraient la cinquième partie.

Au XVe siècle, il n'y avait plus que cinq ou six changeurs, et ils avaient en partie modifié l'objet de leur commerce ; sous la garantie du roi, ils faisaient le trafic de toutes les matières précieuses. Le change des monnaies avait cessé d'être la principale de leurs opérations, parce que, depuis le règne de saint Louis, les rois de France s'étaient attribué le droit de battre seuls la monnaie nécessaire au royaume. La frappe en était confiée aux *monnayeurs*.

Les foires : terrain de prédilection des changeurs

C'est surtout par les foires de la Champagne et du midi de la France, ces immenses marchés auxquels on venait de tous les coins de l'Europe, grâce aussi à l'impulsion donnée au commerce par le mouvement des croisades, que le trafic des changeurs avait pris de l'extension au Moyen Age. Les changeurs des foires de Champagne, choisis par les gardes des foires, avaient un caractère officiel. C'étaient, du reste, assez souvent de grands personnages, qui par là jouissaient de privilèges importants : l'exemption du service militaire personnel, par exemple. Ils demeuraient souvent dans les villes où se tenaient les foires : Troyes, Provins, Lagny et Bar-sur-Aube.

Le mobilier des boutiques des changeurs se composait d'une table couverte d'un tapis, d'un banc, de balances, de livres de comptes. Ce matériel suffisait à toutes leurs opérations. « Toutes les compagnies et changeurs desdites foires, dit une ordonnance de 1349, seront en leurs changes et lieux apparens et auront tapis à leurs fenestres ou estaux, en la manière qui souloit estre faite anciennement. »

Le commerce des changeurs aux foires fut une source de revenus pour les comtes de Champagne d'abord, plus tard pour les rois de France, qui autorisaient la création des offices. Quelques changeurs devaient même payer des rentes à certains établissements religieux. Dès la fin du douzième siècle, on voit un comte de Champagne donner à l'Hôtel-Dieu de Provins un revenu de cinq sous à percevoir sur chaque table de changeur. Signalons qu'on paraît s'être assez peu inquiété de la moralité des gens auxquels on confiait ces offices, car on les voit assez fréquemment accusés de fabriquer de la fausse monnaie, ou bien en fuite, poursuivis par des créanciers trop confiants. Le souverain percevait un droit sur chaque livre de change en or. Ce droit, fixé à un denier par Philippe le Bel, varia beaucoup et fut souvent bien plus considérable. ■ *D'après... Études sur les foires de Champagne paru en 1865*

L'essor du commerce donne l'avantage aux banquiers

En 1609, il n'y en avait plus qu'un ; la confrérie, qui avait son siège à la chapelle Saint-Lefroi, fut dissoute, et le parlement, à la requête des administrateurs temporels de l'Hôtel-Dieu, décida que les ornements de l'autel seraient donnés à l'église de l'hôpital de la Santé, que l'on construisait à ce moment en dehors de la porte du Temple. Depuis lors, les changeurs paraissent avoir cessé d'exister en tant que confrérie et corporation. Les *banquiers* ont succédé aux changeurs et le change n'est plus qu'une de leurs opérations accessoires. Leur nom même rappelle le matériel de leurs prédécesseurs, car le mot *banque* dérive du mot italien *banca*, banc, par lequel on désignait le banc sur lequel s'asseyaient les changeurs. Elles aussi furent d'abord de modestes comptoirs ; créées par les Vénitiens au XIVe siècle pour faciliter les transactions, elles se développèrent dans les grands pays commerçants du XVIe et du XVIIe siècles, en Hollande et en

Le changeur et sa femme, par Marinus van Reymerswaele (1539)

Institutions

Changeurs. Vitrail de 1510 de la collégiale Saint-Martin, à Champeaux (Seine-et-Marne)

Angleterre.

La première banque qui fit les trois grands types d'opérations de ces maisons fut la banque royale de Londres, fondée en 1696. Elle gardait en dépôt l'argent qu'on lui confiait en donnant un intérêt au dépositaire ; elle payait les effets de commerce sous réserve d'une petite somme pour se dédommager de ses frais et de ses avances : c'est l'escompte ; enfin elle émit des billets de banque. Ces nouveautés furent introduites en France par le financier écossais Law, sous la Régence. Mais il fallut attendre le premier Empire, pour voir fonctionner régulièrement une banque sur le modèle de la banque de Londres. Ce fut la Banque de France. Depuis ce temps, de nombreux établissements financiers se sont fondés en France, surtout sous le second Empire. Que de chemin parcouru par le commerce de l'argent depuis le temps où le changeur s'asseyait modestement sur son petit banc devant sa petite table ! ■

D'APRÈS...
> *Les métiers et leur histoire* paru en 1908

Le bain bouillant des faux-monnayeurs

La fabrication de la fausse monnaie fut un des crimes les plus sévèrement punis par nos lois. A l'époque de saint Louis, les faux monnayeurs avaient les yeux crevés. Deux siècles plus tard, ils étaient condamnés à périr dans l'eau bouillante. En 1486, l'orfèvre Louis Secrétain, à Tours, convaincu d'avoir fait de la fausse monnaie, subit ce cruel châtiment. Sur la place, on avait installé une énorme cuve remplie d'eau au-dessus d'un brasier. On y jeta le malheureux ; l'eau n'était pas encore tout à fait bouillante ; le misérable put se débattre, il se délivra de ses entraves, et tenta de sortir de la cuve ; le bourreau, armé d'une fourche en fer, s'efforçait de l'y replonger en le frappant de violents coups sur la tête.

La foule s'émut à cet horrible spectacle, et prit fait et cause pour le condamné. Il s'ensuivit une échauffourée, le bourreau fut tué et Secrétain délivré. Il se réfugia dans une église voisine où il resta usant du droit d'asile jusqu'à où il roi lui fit grâce. En 1521, deux faux monnayeurs furent encore « boullus », comme on disait alors, à Paris, sur le marché aux Pourceaux, près de la porte Saint-Honoré. ■

D'APRÈS... *Les métiers et leur histoire* paru en 1908

Un chien empoisonné sur ordre du roi Louis XI

Le samedi 19 février 1480, à deux heures de l'après midi, se réunissait par ordre de Louis XI, dans l'hôtel de ville de Tours, une assemblée choisie ; on y comptait le maire et quatre échevins de la ville, Jean Guérin et Louis de la Mézière, maîtres d'hôtel du roi, Simon Moreau, apothicaire, deux des gens de Jean de Daillon, gouverneur de Touraine et les clercs de la ville. Le mandat qui les convoquait ne spécifiait pas l'objet de la réunion ; il disait seulement que c'était *pour estre présens et assister à aucunes choses qui se devoient faire de par le roy*. Or, dans cette réunion, on fit l'essai de certains poisons sur un chien ; le poison, mélangé dans une fressure de mouton frite et dans une omelette, fut administré à forte dose, et le chien mourut. Procès-verbal de l'expérience est dressé, dans lequel on décrit avec beaucoup de détails *comment ledict chien estoit mort*.

Cependant, sur l'ordre des maîtres d'hôtel du roi, le cadavre est conservé dans une des chambres de l'hôtel de ville jusqu'au lendemain, jour où l'on devait ouvrir le chien et constater les désordres causés par le poison dans tous ses organes. Le dimanche, en effet, sept barbiers et chirurgiens sont mandés pour procéder à l'autopsie ; seulement, et par mesure de précaution, on alluma un grand feu dans la chambre où était le chien, afin d'en renouveler l'air infecté par la désorganisation du corps et par les miasmes empoisonnés qui pouvaient s'en exhaler ; on fit un modeste déjeuner de harengs et de noix sèches ; puis l'opération fut menée à bonne fin. Un second procès-verbal fut probablement dressé, et enfin l'assemblée se sépara. Quant au cadavre, il fut porté dans une hotte, le même jour, sur les grèves de la Loire, et y fut enterré.

Louis XI

Que conclure de cette anecdote toxicologique ? L'expérimentation semble tirer un intérêt tout particulier de ce qu'elle fut faite par l'ordre de Louis XI, roi soupçonneux et sur le compte duquel on se croit permis de mettre bien des crimes et des cruautés. Cependant, pour le cas dont il s'agit, les conjectures se réunissent plutôt en sa faveur que contre lui. D'abord l'histoire ne nous fait connaître l'empoisonnement d'aucun personnage important pendant l'année 1480, aussi bien que dans celles qui précèdent ou suivent la date de l'essai. La Chronique scandaleuse aussi bien que les Mémoires de Philippe de Commines sont complètement muets à ce sujet.

Ensuite, si Louis XI avait eu quelque dessein sinistre, il n'eût point entouré l'expérience de ses poisons de la publicité qu'il déploie en cette occasion. Nous n'y pouvons voir qu'une cause simple et innocente, telle que l'éclaircissement d'un doute médical, sans y voir la preuve d'une tentative d'empoisonnement sur Louis XI, qui eût laissé quelque trace dans l'histoire. ■

D'APRÈS... *Bibliothèque de l'École des chartes* paru en 1845

Mœurs/Coutumes — XVIᵉ XVIIᵉ XVIIIᵉ XIXᵉ

SI LA FRANCE M'ÉTAIT CONTÉE...

PRÊTRES du Moyen Age et concubinage

Bien qu'il y eut un temps où l'Église a donné un sens favorable au nom de *concubine*, il n'a pas passé le quatrième siècle ; car dès le commencement du cinquième, elle n'appliquait cette expression qu'aux personnes dont le commerce était criminel.

Louis le Gros autorise les prêtres à prendre concubine

Si les évêques essayèrent d'empêcher les prêtres de mener une vie dissolue, Louis le Gros (qui régna de 1108 à 1137), bien loin de cela, leur permit aussi bien qu'aux diacres et sous-diacres de Saint-Corneille de Compiègne, qui est à dix-huit lieues de Paris et fait partie de l'Ile-de-France, d'avoir des concubines, et aux autres clercs de se marier, à cause, dit-il, de leur incontinence ; mais à condition qu'ils ne tiendraient point un bénéfice et une femme en même temps, ce qui est expliqué fort nettement dans le concile de Sens de l'an 1269 excommuniant les prêtres concubinaires.

Depuis, et surtout du vivant de Jacques de Vitry, cardinal-légat, la fornication en France ne passait point pour un péché ; les femmes débauchées sollicitaient effrontément la vertu des prêtres. Les prêtres tenaient à honneur d'entretenir des concubines, et même au sortir de leur lit, et d'entre leurs bras, ne faisaient aucun scrupule d'al-

Louis VI. Gravure de Jacques-Étienne Pannier (1845) d'après une peinture de Merry-Joseph Blondel (1837)

ler dire la messe. L'évêque Maurice ne pouvant souffrir ce scandale, menaça et usa des censures de l'Eglise ; ils s'en moquèrent, et en appelèrent à Rome, où s'évoquaient alors les causes du clergé, dans l'espérance que celle-ci pourrait être égarée parmi le grand nombre, et pendant

Le pape Lucius III (1181-1185)

Concubinage : une mésalliance ?

Quoiqu'en général l'expression de *concubine* ait toujours porté avec elle une idée désavantageuse, il y avait à Rome et à Athènes une espèce de *concubinage* qui n'était point réputé libertinage. Lorsqu'un citoyen épousait une étrangère ou une naturelle du pays de condition inégale à la sienne, cette femme était nommée *concubine*. Dans ce sens, le concubinage était réputé mésalliance, et non pas désordre, pourvu que le mari n'eût pas d'autre femme. Mais il y avait toujours une flétrissure attachée à ces mariages, et les enfants qui en provenaient n'étaient point légitimes, successibles de plein droit.

Le christianisme ayant été reçu dans l'empire, l'Église, pour se conformer à l'usage, appela pendant un temps *concubines* ces femmes dont le mariage avait, pour toute irrégularité, une inégalité de condition. C'est dans ce sens que le 17ᵉ canon du premier concile de Tolède, tenu en 400, dit de « ne point refuser la communion à celui qui n'a qu'une épouse ou qu'une concubine ». Pris en bonne part dans le concile de Tolède, le mot *concubine* cessa peu après d'être entendu dans un sens favorable. Le pape saint Léon, qui vivait sur la fin du Vᵉ siècle, écrivait à l'évêque de Narbonne au sujet des filles qui épousaient des hommes qui avaient des concubines : « Les filles qui sont mariées avec l'autorité de leurs pères, ne sont point en faute si les femmes qu'avaient leurs maris n'étaient pas véritablement mariées, parce qu'autre chose est femme mariée, autre chose est concubine ». ∎

LA FRANCE PITTORESQUE

cela, qu'ils seraient en repos.

L'excommunication attend les « brebis égarées »

Luce III, pape de 1181 à 1185, permit aussitôt à Maurice de suspendre ceux qui entretenaient des femmes, et à faute de s'en défaire dans les quarante jours, de les interdire. Gillon, légat, renouvela les ordres de Luce, et excommunia tous les prêtres qui n'obéiraient pas. Ensuite le concile de Sens, tenu en 1269, publia son mandement. L'archevêque Pierre, qui y présidait, et alors métropolitain de Paris, commanda, en vertu de l'obédience et à tous les prélats, de corriger tant en secret que dans les synodes leurs prêtres concubinaires, et en cas de contravention, de les excommunier et saisir leurs bénéfices, à peine d'encourir la rigueur des canons, et de devenir suspens eux-mêmes par leur négligence.

Toute cette sévérité n'empêcha pas qu'Abélard ne corrompît la jeune et docte Héloïse dans le cloître Notre-Dame, qu'il fut contraint d'épouser pour sauver l'honneur de la fille et de sa parenté. Jean de Montmorency tout de même, chanoine et sous-diacre de Paris, ne laissa

Héloïse, Abélard, et leur fils Astrolabe

pas tout publiquement d'entretenir une concubine, sans que ses confrères, qui le savaient, s'en missent en peine ; mais l'évêque Renoul, pour y donner ordre, étant venu exprès au chapitre en 1286, exhorta le doyen, aussi bien que les chanoines, de le corriger, et même de le punir.

Depuis, la recherche de tels désordres fut si grande, que dans les synodes de Paris, on obligea les confesseurs de venir révéler les noms de ceux qui mèneraient une pareille vie, statut qui fut renouvelé en 1503, dans une assemblée de curés et de vicaires, où présida Pinelle, professeur en théologie, depuis chanoine, chancelier de Notre-Dame et vicaire d'Etienne Poncher. Au reste, si ce vice était commun parmi les prêtres et les autres gens d'Eglise, il ne l'était pas moins parmi les autres. Il y avait des rues destinées pour les femmes scandaleuses ; elles avaient des statuts, certains habits, afin de les reconnaître, et même des juges à part. ■

D'après...
> *Antiquités de Paris* paru en 1724

Paradoxes temporels et casse-tête juridiques

Avant la décision, en 1891, de mettre toutes les villes de France à l'heure de Paris, on se basait sur l'heure solaire pour définir l'heure d'un lieu. Lorsqu'il était midi à Paris, il était midi et vingt-trois minutes à Strasbourg, cette ville étant située à 5°45' de longitude vers l'est. Il était, au contraire, moins de midi pour toute ville située à l'ouest de Paris : à Brest, par exemple, il y avait vingt-six minutes de moins. Ainsi, une différence d'heure de quarante-neuf minutes existait entre Brest et Strasbourg.

En 1860, un chroniqueur de *La Semaine des familles* attirait l'attention des lecteurs sur les imbroglios juridiques que telles différences pouvaient entraîner. Il prend l'exemple d'un enfant né à Strasbourg le 1er janvier 1860, à minuit vingt minutes du matin, puis suppose qu'un quart d'heure après il soit né un autre enfant dans la cité de Brest : il était alors minuit trente-cinq minutes à Strasbourg, et à Brest quarante-neuf minutes de moins, donc minuit moins quatorze de la journée du 31 décembre 1859. Le premier des deux enfants en question étant né en 1860 et le second en 1859, celui-ci doit être réputé l'aîné, ou bien il faut soutenir que 1859 ne précède pas 1860. Donc, l'*aînée* de deux personnes se trouvait être la *plus jeune* des deux !

Il y avait ici un droit d'aînesse ou imposé ou volé, qui pouvait offrir un cas de jurisprudence et d'appréciation judiciaire aussi singulier qu'intéressant. Supposons, en effet, explique notre chroniqueur, quelque riche et vieux bonhomme, un peu fantasque, si vous voulez, qui, passant de vie à trépas, laisse deux parentes en état de maternité prochaine, et lègue sa fortune aux deux enfants à naître ; mais de telle sorte que l'aîné en aura les trois quarts, et le plus jeune seulement l'autre quart. Que les choses se passent, quant aux naissances, à peu près comme nous l'avons supposé plus haut : l'un sera né à Strasbourg, par exemple, le 15 octobre, à minuit vingt minutes du matin, et l'autre à Brest, un quart d'heure après ; soit, par conséquent, le 14 à onze heures quarante-six minutes du soir.

Des deux quel est l'aîné, et celui qui aura le gros lot ? Voilà pour deux avocats une question superbe. L'un plaidera, pour l'Alsacien, qu'il est, de fait, né avant son concurrent, et que l'intention du testateur était évidemment d'avantager celui des deux qui paraîtrait le premier sur la scène du monde. Cela paraît très clair, en équité du moins, et ainsi aurait jugé saint Louis, sous l'arbre de Vincennes. Un moment ! s'écriera l'avocat du Breton : la justice doit prononcer sur pièces, sur pièces authentiques exclusivement ; pour elle, hors de la pièce authentique, il n'y a rien de judiciairement certain. Or, sur l'âge relatif des deux enfants, il y a pièces authentiques, pièces probantes, et il n'y a que celles-là ; ce sont les actes de naissance qui constituent seuls l'état civil de chacun, aux yeux de la loi. Or les actes établissent que le Breton est né le 14 octobre, et l'Alsacien le 15. Comme, en tous temps et en tous lieux, le quinzième jour d'un mois ne vient qu'après le quatorzième, il serait donc légalement certain que la naissance de Brest est ou doit être réputée antérieure à celle de Strasbourg. Donc le Breton serait l'aîné ; donc c'est à lui que s'appliquerait, aux termes précis du testament, l'avantage du gros lot.

Que décideraient les juges ? Je n'en sais rien conclut le chroniqueur ; probablement les opinions se trouveraient partagées. Moi, je ne tranche pas la question ; et je livre le problème à mes lecteurs, pour autant que sa discussion pourra les amuser. ■

D'après... *La Semaine des familles* paru en 1860

Objets — XIIIe >>> XIXe

Un petit air de GUITERNE ?

La guitare, dont le nom est au XIXe siècle presque ridicule et souvent employé comme synonyme de chose ennuyeuse, est cependant un des instruments à cordes les plus anciens ; elle dérive de la lyre grecque, et doit son nom à la *cithara* des Romains, empruntée elle-même à la Grèce.

Au Moyen Age, le nom se déforme : c'est tantôt la *citole, cythole, cuitole* ou *guitole*, le *cistre*, la *cidra* ou *cithola* des Provençaux ; on trouve même le verbe *citharizer*. On trouve aussi, dès le XIIIe siècle, le mot *guisterne* ; puis viennent *guyterne* ou *guiterne* : ce dernier nom figure dans le Roman de la Rose, ainsi que dans un manuscrit de la Bibliothèque nationale, *La Prise d'Alexandrie* : « Là avoit de tous instruniens ; / ... / Rubebes et psaltérion, / Leüs, moraches et guiternes, / Dont on joue par les tavernes, / Cimbales, cuitoles, nacquaires. » On lit encore, dans *li Temps pastour* : « Là je vis tout en ung cerne / Viole, rubebe, guiterne, / ... / Citole et psaltérion. / ... / Car chacun d'eux, selon l'accort, / De son instrument sans discort, / Viole, guiterne et citole, / Harpe, trompe, corne, flajole. Etc. »

Un passage du Pantagruel de Rabelais nous apprend que de son temps on disait, en parlant d'une personne qui avait de très grands pieds : « Il a les pieds comme une *guinterne*. » Si nous ajoutons à cette nomenclature le mot *guiterre*, qui figure dans le *Trésor de la langue françoise* de Jean Nicot (1606), nous aurons donné l'énumération à peu près complète des noms successifs de notre instrument, et nous arriverons tout droit à la moderne guitare.

Chacun sait que le manche de l'instrument est divisé en demi-tons par des touchettes d'ivoire ou de métal ; autrefois ces touchettes étaient mobiles, et le musicien les faisait lui-même au moyen d'une corde de boyau : nous avons des *guiternes*, des luths, des théorbes, des mandolines, des XVIe et XVIIe siècles, dont les touchettes sont ainsi faites. La guitare, au lieu des six cordes qu'elle a toujours aujourd'hui, n'en avait alors que cinq : la sixième corde, ou chanterelle, qui a été ajoutée, est à l'unisson de la plus grave et deux octaves au-dessus.

Un instrument minutieusement sculpté durant la Renaissance

Notre instrument était fort à la mode au XVIe siècle ; les princes, les grands seigneurs, voulaient avoir leurs joueurs de luth et de *guiterne* : un curieux tableau français du Musée du Louvre représente un bal à la cour de France, avec un orchestre composé en partie de ces instruments. Il existe un bon nombre de tablatures de *guiterne* publiées en France et ailleurs pendant le XVIe siècle ; nous nous bornerons à citer celles de Simon Gorlier et de Guillaume Morlay ; on attribue à Bonaventure des Périers, valet de chambre de la reine Marguerite de Navarre, un *Traité sur la manière de bien et justement entoucher les lucs et guiternes*, imprimé à Poitiers en 1557, à la suite d'un autre ouvrage. La guitare, par la suite presque abandonnée, en France au moins, aux musiciens des rues, était encore à la mode dans certaines parties de l'Italie ; mais en Espagne elle n'a pas cessé d'être en vogue, surtout en Andalousie, et on pourrait dire, comme Beaumarchais dans son Barbier : « Chanter sans guitare à Séville ! vous seriez bientôt reconnu, ma foi, bientôt dépisté... »

Guiterne du XVIe siècle

Il y a bien loin de la forme élégante des instruments de musique du Moyen Age et de la Renaissance à celle trop souvent vulgaire des instruments qui lui ont succédé : il est facile de s'en convaincre en examinant la *guiterne* que nous reproduisons, et qui a été exposée par M. le baron Davillier au profit des Alsaciens-Lorrains. Cet instrument dont les gracieuses découpures rappellent celles d'une viole que l'on voit dans le tableau des *Noces de Cana*, de Véronèse, date à peu près de la même époque, c'est-à-dire du milieu du XVIe siècle ; la table représente, sculpté très finement et avec un léger relief, le *Parnasse*, d'après Luca Penni. On y retrouve les figures un peu longues, mais d'une élégance exquise, qui caractérisent les productions de l'école de Fontainebleau, et le travail paraît être d'une main française : ce qui tend encore à le faire croire, c'est que les morceaux de parchemin collés à l'intérieur pour renforcer les ais sont couverts d'inscriptions françaises du temps.

La composition de Luca Penni eut une grande vogue au XVIe siècle et fut vulgarisée par la gravure. Nous nous bornerons à citer deux graveurs français de cette époque qui l'ont reproduite au burin : Étienne du Delaune et René Boyvin. Le sculpteur français n'a pas copié servilement la gravure ; il a au contraire modifié l'ensemble et les détails de la composition : ainsi le sujet, au lieu d'être en largeur, se trouve en hauteur sur notre *guiterne*. ∎

D'APRÈS...
> *Le Magasin pittoresque* paru en 1875

LA FRANCE PITTORESQUE — XVIe XVIIe XVIIIe XIXe — Institutions

Les AUTOMOBILISTES dans la ligne de mire de l'État

La vache récalcitrante, par Georges Redon (1903)

Si l'avènement de la voiture dite *automobile* incita l'État à prendre de nouvelles mesures visant à encadrer son usage sur les routes de France, le besoin s'était depuis longtemps fait sentir de réglementer la circulation des véhicules hippomobiles, puis celle des vélocipèdes.

La plaque numérotée imposée aux carrosses de place

L'usage des carrosses, qui avait été prohibé sous Charles IX, était devenu d'un usage commun dans la classe noble puis bourgeoise au début du XVIIe siècle. La commodité de cette espèce de voiture avait fait disparaître les entraves légales qui s'étaient opposées, initialement, à l'adoption de cette nouveauté : d'où la quantité considérable de voitures que l'on remarquait dans Paris dès l'origine du règne de Louis XIII.

L'usage des carrosses définitivement adopté, on avait inventé les chaises à bras, les chaises roulantes, le soufflet, le phaéton, et d'autres espèces de voitures tirées par un ou plusieurs chevaux. Devant la prolifération des carrosses de place notamment, le principe de la plaque d'immatriculation est énoncé dans une ordonnance fixée par Louis XV, datant du 2 mai 1725 et précisant « la ma-

Les Petites Voitures des environs de Paris (XVIIIe siècle)

nière de les numéroter, en sorte qu'ils puissent être reconnus lorsque les propriétaires ou les cochers donnent lieu à quelque plainte ».

Un arrêt du Conseil du Roi en date du 17 décembre 1737 fait état des problèmes constatés, à l'origine de désordres : « Le roi étant informé que le nombre des carrosses de place se trouve depuis quelques années telle-

Premiers compteurs kilométriques

On s'est préoccupé de tout temps de construire des voitures pourvues d'un mécanisme évaluant les distances. Les compteurs kilométriques, ou odomètres, remontent aux ingénieurs de l'école d'Alexandrie, vers le IIIe siècle avant J.-C. La première description se trouve dans un fragment grec qui accompagne le *Traité de la Dioptre* de Héron. Une autre dont le souvenir ait survécu a été décrite par Vitruve (vers 50 avant J.-C.). A intervalles égaux, tous les milles pas, le mouvement des roues faisait tomber un caillou dans un plat d'airain. Le voyageur n'avait qu'à compter les cailloux à l'arrivée pour évaluer la distance qu'il venait de parcourir. D'après J. Capitolin, l'empereur Commode, au IIe siècle, possédait déjà une voiture-odomètre, et dès le milieu du XVIIe siècle, on en retrouva le procédé de construction. Ce fut ce procédé que perfectionna l'Anglais Bettefield en 1778 et en 1781.

Les Chinois se servaient d'un procédé beaucoup plus perfectionné. Lou-Taou-Loune, l'un des grands officiers de l'intérieur du palais, construisit en 1027 un char dont le mécanisme était très ingénieux. Ce char n'avait qu'un timon et deux roues. Il avait deux étages, dans chacun desquels était un homme de bois qui tenait droit un maillet. A chaque *li* parcourue – la *li* représentant 576 mètres – l'homme de bois de l'étage inférieur frappait sur un tambour ; toutes les dix *lis*, un autre homme de bois situé à l'étage supérieur donnait un coup sur une clochette.

C'est peut-être à Collignon que l'on doit les premiers essais de compteurs kilométriques. Ce cocher irascible assassina en 1855 M. Juge qui s'était plaint de sa grossièreté. La Compagnie des Petites Voitures chercha dès lors un moyen de rendre impossibles les discussions entre les cochers et leurs clients. Dans les premiers mois de l'année 1861, elle proposa un prix de vingt mille francs à l'auteur d'un cadran qui, placé dans les voitures d'une façon apparente, permettrait d'indiquer le nombre de kilomètres parcourus. ■

D'APRÈS... ***Les métiers et leur histoire*** paru en 1908

Voiture hippomobile

ment augmenté, que les cochers, sous prétexte qu'ils ne peuvent plus se placer dans les rues qui leur sont assignées, se tiennent dans presque toutes les rues de Paris, y causent de l'embarras, souvent même du désordre ; que pour mieux cacher leurs contraventions, ils se servent de carrosses sans numéro, ou prennent des numéros doubles, ce qui les met à couvert des peines que méritent leurs contraventions, et expose le public à l'insulte et aux mauvais traitements de ces sortes de cochers ». Pour pallier cette difficulté, l'apposition sur chaque carrosse d'une marque spéciale et indélébile est adoptée.

Le comportement des conducteurs pointé du doigt

C'est cette même ordonnance qui esquisse le futur permis de conduire, en mentionnant les qualités requises pour conduire et en abordant la notion de comportement des conducteurs : « Que les cochers mettent leurs carrosses si près des maisons, que le passage en est bouché pour les gens de pied, ainsi que l'accès des boutiques ; qu'ils se mettent à double rang contre la disposition des règlements et embarrassent la voie publique, insultent les passants et les bourgeois, ne restent point sur leurs sièges, comme ils le doivent ; que souvent même les carrosses sont conduits par des enfans, qui n'ont ni l'âge, ni la force, ni la capacité requise pour conduire les chevaux, ce qui a donné lieu à beaucoup d'accidens ; qu'il arrive encore que les cochers font monter sur leurs sièges des vagabonds et gens sans expérience à qui ils abandonnent les guides de leurs chevaux pour leur apprendre à les mener... Enjoignons aux cochers qui conduisent lesdits carrosses de se comporter honnêtement, et de ne les exposer que dans les places, carrefours et rues marquées à cet effet, et non ailleurs, de s'y tenir sur leurs sièges bien rangés et en état de marcher lorsqu'ils en seront requis, de laisser le passage libre entre les maisons et carrosses, pour la commodité des gens de pied... ». Henri IV avait déjà légiféré, en 1607, sur la question de l'entrave à la libre circulation des piétons découlant d'un stationnement sauvage : « Nous voulons et il nous plaît que lorsque les rues et chemins seront encombrés ou incommodés, notre grand Voyer ou ses commis enjoignent aux particuliers de faire ôter les dits empêchements ».

Au XIXe siècle, les maires avaient le droit de défendre de laisser stationner des bêtes de somme dans telle par-

Un frein aux « excès » des cochers

En 1841, le préfet de police Delessert jugea convenable de réunir en un seul règlement tout ce qui intéressait le service des voitures, et lança le 15 janvier une ordonnance complète sur la matière, dont voici quelques articles...

Art. 36 : Il est formellement interdit aux femmes, même à celles qui ont obtenu l'autorisation de s'habiller en homme, de conduire des voitures de place.

Art. 38 : Les cochers devront, tout en tenant leur droite, s'abstenir, autant que possible, de faire passer les roues de leurs voitures dans les ruisseaux et contre les murs, les bornes ou les trottoirs.

Art. 39 : Il est défendu aux cochers de faire galoper leurs chevaux, dans quelque circonstance que ce soit. Les voitures devront être conduites, au pas, dans les marchés et les rues étroites où deux voitures seulement peuvent passer de front, ainsi qu'au passage des barrières, à la descente des ponts, aux carrefours, aux détours des rues, et généralement sur tous les points de la voie publique où existera, soit une pente rapide, soit des obstacles à la circulation.

Art. 40 : En cas d'accidents causés, sur la voie publique, par une voiture de place, le cocher sera immédiatement conduit devant un commissaire de police qui l'interrogera et dressera procès-verbal.

Art. 41 : Il est enjoint à tout cocher, dont la voiture sera retenue et stationnera dans une rue sans trottoir, de laisser, entre sa voiture et les maisons riveraines, un passage libre pour la circulation.

Art. 42 : Il est défendu aux cochers :
1. De laver leurs voitures, soit sur les stations, soit sur tout autre point de la voie publique ;
2. De quitter leurs voitures, lorsqu'ils attentent à la porte des particuliers ou à l'entrée d'un établissement public ;
3. De faire stationner leurs voitures, lorsqu'elles ne sont pas gardées, sur des points où ce stationnement n'est pas autorisé.

Art. 62 : Il sera procédé à un nouveau numérotage de toutes les voitures de place. A cet effet, les entrepreneurs de ces sortes de voitures seront tenus de se présenter, dans le délai d'un mois, à la Préfecture de Police, pour y déclarer leurs noms, prénoms et domiciles, ainsi que le nombre de voitures.

tie de la ville, ou dans telle rue ou place ; la contravention n'était pas excusée même si l'animal avait été trouvé stationnant devant l'établissement d'un industriel, tel qu'un bourrelier, qui avait besoin de l'avoir près de sa boutique pour essayer les harnachements qu'il vendait

Voiture Peugeot modèle 1902

ou réparait pour lui. Les bêtes de somme et les voitures de marchands étaient, aussitôt après le déchargement, conduites hors des marchés, avec défense aux conducteurs de donner à manger à leurs chevaux sur la voie publique, et de les délaisser.

Problème de stationnement, priorités, excès de vitesse

L'autorité municipale prenait souvent des arrêtés pour régler l'heure après laquelle certains industriels ou marchands ne pourraient plus stationner sur la voie publique avec leurs voitures ou charrettes dans plusieurs grandes villes pour les laitiers, maraîchers, blanchisseurs. Le stationnement après l'heure réglementaire entraînait des peines de police. L'espèce d'encombrement qu'il importait le plus de prévenir, surtout dans les grandes villes, était celle qui résultait du stationnement des voitures. Les besoins et les inconvénients, on peut même dire les dangers de l'active circulation des véhicules de toutes sortes qui sillonnaient sans cesse les rues de Paris notamment, ont déterminé la publication d'un grand nombre d'ordonnances de la préfecture de police. Plusieurs grandes villes adoptèrent des mesures analogues à celles prises dans la capitale.

L'ordonnance du 4 février 1786 définit les prémices des règles de priorité de circulation lors du croisement de deux véhicules : « Sa Majesté a ordonné et ordonne que tous routiers, charretiers, voituriers et autres seront tenus de céder le pavé et de faire place à tous courriers et voyageurs allant en poste ». Le décret du 28 août 1808 va plus loin et attribue une portion de la chaussée à chaque véhicule : « les rouliers, voituriers, charretiers, seront tenus de céder la moitié du pavé aux voitures des voyageurs ». En 1852, obligation est faite aux conducteurs de serrer à droite de la chaussée lors du croisement de véhicules, afin de libérer le plus de place

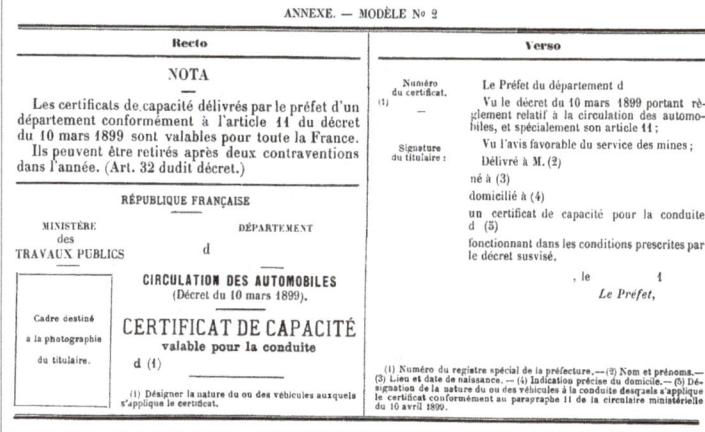

possible. La circulation sur la partie droite de la chaussée en toutes circonstances sera définitivement adoptée le 14 août 1893.

Quant aux excès de vitesse, la paternité de leur répression revient au roi Charles X, qui aborde cet aspect de la circulation concernant les chevaux et voitures de poste, dans une ordonnance de juillet 1828 : « Les postillons ne pourront, sous aucun prétexte, descendre de leurs chevaux. Il leur est expressément défendu de conduire les voitures au galop sur les routes, et autrement

Affiche publicitaire pour les automobiles Ader (1904)

qu'au petit trot dans les villes ou communes rurales, et au pas dans les rues étroites ». La loi du 30 mai 1851 statuera sur l'ensemble des véhicules existant alors, des taxes en rapport avec la vitesse de transport étant instituées en 1874. Lorsque Messieurs Serpollet et Avozard obtiennent la première autorisation de circuler à bord d'une automobile en 1891, la loi de 1851 sur la vitesse s'applique *de facto* à leur véhicule, ainsi que toutes les lois précédemment promulguées. Une ordonnance du préfet de police M. Lépine, en date du 14 août 1893 s'appliquera expressément aux automobiles.

Permis de conduire : points de repère

— **1889** : Léon Serpollet passe le **premier examen de conduite** sur un tricycle de sa conception à Paris dans le 16e arrondissement, rue Spontiani.
— **1891** : Messieurs Léon Serpollet et Avozard fils obtiennent la **première autorisation de circuler** à 16 km/h maximum.
— **1893** : il existe 1700 véhicules en France. Le préfet Louis Lépine crée, seulement pour la région parisienne, le Certificat de Capacité. Pour le passer, il faut être majeur (21 ans à l'époque) et **être un homme**.
C'étaient les constructeurs d'automobiles (très nombreux à cette époque) qui dispensaient la formation à ce Certificat.
L'examen se passait avec un « Ingénieur des Mines » (beaucoup d'entre eux ne savaient pas conduire). La vitesse était limitée à 20 km/h en rase campagne et à 12 km/h en agglomération.
— **1897** : les **femmes** ont enfin accès au Certificat de Capacité.
— **1899** : le Certificat de Capacité est étendu à **toute la France**. La vitesse maximum autorisée est portée à **30 km/h** en rase campagne et 20 km/h en ville. Les véhicules ne comportent ni feux clignotants, ni rétroviseurs, ni feux stop.
— **Début du XXe siècle** : création du **Permis de Circulation** (actuelle carte grise) et des **plaques** minéralogiques.
— **1910** : instauration de la **priorité à droite**.
— **1922** : apparition du **Code de la Route**, de la **police de la circulation**. Le Certificat de Capacité devient le **Permis de Conduire**.
L'âge d'obtention est abaissé à **18 ans**. Le premier **feu rouge** est implanté à Paris, à l'angle du boulevard de Sébastopol et de la rue Réaumur.
— **1957** : l'enseignement des **règles de circulation** devient obligatoire dans les **écoles**.
— **1992** : Création du **Permis à points**.

Une règle édictée pour les seules automobiles

Mais c'est le décret du 10 mars 1899 qui trace les grandes lignes du futur Code de la Route, impose la détention d'un certificat de capacité pour avoir le droit de conduire une automobile, et fixe les termes du contrôle technique auquel le véhicule doit être soumis par le service des mines avant la mise en circulation. Ainsi, le texte prévoit que « le conducteur de l'automobile devra rester constamment maître de sa vitesse. Il ralentira ou même arrêtera le mouvement toutes les fois que le véhicule pourrait être une cause d'accident, de désordre ou de gêne pour la circulation. La vitesse devra être ramenée à celle d'un homme au pas dans les passages étroits ou encombrés. En aucun cas, la vitesse n'excèdera celle des 30 kilomètres à l'heure en rase campagne et de 20 kilomètres à l'heure dans les agglomérations. »

Les candidats au certificat de capacité doivent faire la preuve qu'ils possèdent la capacité nécessaire : « Cette preuve consistera (...) à manœuvrer un véhicule à moteur mécanique de la nature de celui qu'il se propose de conduire, en présence et sous la direction de l'examinateur. L'examinateur aura à apprécier, notamment, la prudence, le sang-froid et la présence d'esprit du candidat, la justesse de son coup d'œil, la sûreté de sa direction, son habileté à varier suivant les besoins la vitesse du véhicule, la promptitude avec laquelle il met en œuvre, lorsqu'il y a lieu, les moyens de freinage et d'arrêt, et le sentiment qu'il a des nécessités de la circulation sur la voie publique. » Enfin, la suppression du certificat de capacité est prévue par l'article 32 du décret, après deux contraventions dans l'année. En mai 1921, le décret sera aménagé, prenant en compte l'évolution technique des véhicules : il abandonne la limitation de la vitesse pour les automobiles établie à 30 kilomètres par heure auparavant, mais la conserve pour les poids lourds Seule l'obligation de rester maître de son véhicule subsiste alors... ■

D'APRÈS...
> *Traité de la police administrative, générale et municipale* paru en 1862
> *Collection des lois, ordonnances et règlements de police depuis le XIIIe siècle jusqu'à l'année 1818 (2e série)* paru en 1818

Engouement pour les singes domestiques au XVIIe siècle

Au XVIIe siècle, les singes étaient devenus, pour ainsi dire, d'un usage domestique, et il était de mode dans beaucoup de maisons riches d'en avoir un, qu'on habillait d'une livrée, et qui réjouissait les visiteurs par ses grimaces. François Colletet, l'auteur du *Tracas de Paris*, passant en revue tout ce qu'on rencontre dans les rues de la ville, n'oublie pas le singe vêtu en page, qui saute sur une fenêtre ; et c'est sans doute aussi cet usage qui a inspiré à La Fontaine celle de ses fables où l'on voit un singe jeter dans la mer qui baigne la maison l'argent amassé par son maître avec tant de soin.

Le roman intitulé *La Vraie Histoire comique de Francion* (1623), par Charles Sorel, où il y a de si nombreux et si piquants détails intimes sur les mœurs et usages du XVIIe, raconte deux anecdotes qui viennent à l'appui de cette remarque : d'abord celle d'un Suisse qui, trouvant un singe sur la porte d'une taverne, lui avait donné un teston à changer, et, voyant qu'il ne le payait qu'en grimaces, ne cessait de lui dire : « Parli, petite garçon, volé-vous pas me rendre la monnaie de mon pièce ! » ; puis celle d'un paysan qui, apportant un panier de poires à un seigneur, se laissa dévaliser en route par deux gros singes, couverts de belles casaques de toile d'or, et ayant l'épée au côté, auxquels il ôta respectueusement son chapeau, les prenant pour les fils du seigneur.

S'il faut en croire le commentaire de Saint-Marc sur les œuvres de

Boileau, c'est un de ces singes domestiques qui aurait été la cause de la mort violente de Claude Le Petit (1638-1662), en jetant dans la rue des feuilles de papier où l'auteur du *Paris ridicule* avait écrit des vers sacrilèges et impies, qui le firent condamner à périr en place de Grève. Nombre de Mémoires, entre autres ceux de Brienne et de Montglat, sans parler des *Mazarinades*, font allusion à la passion qu'avait Mazarin pour les singes, comme son prédécesseur pour les chats. Ils l'accusent de passer son temps à faire danser ces vilaines bêtes sur ses genoux. Les duchesses de Bouillon et de Mazarin, ses nièces, avaient hérité de lui ce goût pour les guenons, qui tenaient une des principales places dans les véritables ménageries qu'elles nourrissaient chez elles, comme on le voit en quelques lettres de Chaulieu et de Saint-Évremond. *La Muse Royale*, dans son numéro du 25 juillet 1656, ne manque pas de nous entretenir tout au long de la guenon de madame de Guébriant, dressée à toutes sortes de services et de gentillesses, et capable de jouer le rôle d'un valet de bonne maison.

Ce goût presque universel des grands seigneurs pour les singes, et cette habitude d'en avoir au moins un qui devenait le commensal de chaque hôtel, qui amusait la société par ses tours, quelquefois mangeait à table et couchait avec le maître, se prolongèrent jusque dans le siècle suivant. ■

D'APRÈS... *La Semaine des familles* paru en 1871

TABLE DES MATIÈRES

Les tribulations de Pierre Poivre, missionnaire des épices 9
Usage des effigies de cire jusqu'au XVIIe siècle 12
Rusées et redoutées attaques en ville de loups affamés 13
Clergé et droit de sépulture 15
La boussole : « découverte » des Français et des Chinois ? 15
Les points sur les I 16
Bien se tenir à table au Moyen Age 16
« Noëls » pour noces bourguignonnes 16
Quand le corset sculptait le corps féminin et régnait en maître 17
Ancêtres méconnus de la tristement célèbre guillotine 20
Les légendaires huîtres d'Étretat : une gourmandise royale 22
Répression de la mendicité : succession de cinglants échecs 25
Affaire du canal de Panama : scandale politico-financier du XIXe siècle 29
Le supplice de la roue 31
Veillées de Noël du temps jadis : entre croyances et réjouissances 32
Quand la justice veut un coupable 35
À votre santé 35
L'espion qui aimait Louis XV : histoire du chevalier d'Éon 36
Bagdad : centre du monde avant d'être ravagé par une force aveugle 39
La cravate : adulée par les militaires, décriée par les Révolutionnaires 42
Plantation du mai : une coutume aux racines ancestrales 45
Des omelettes pour le retour du soleil ? 46
Allaitement d'enfants par des ânesses en 1892 47
Trop de chiens dans les églises ? 47
Premier souffle de la voiture à vapeur après dix-huit siècles de gestation 48
Prophéties : une imminente fin du monde ? 51
1615 : le royaume de France fond pour l'exotique et controversé chocolat 53
L'île d'Yeu contre envahisseurs et impôts 56
1003 : le premier pape français s'éteint 57
La propreté au Moyen Age 57

Tempête sur l'épineux dossier des retraites au lendemain de la Révolution 58
Un jardin en 1583 : beauté, exhalaisons et vertus médicinales 61
Fête du Bois Hourdy 62
La facétie des sept ! 63
Pourquoi « Croquer le marmot » 63
La mystérieuse fortune de l'écrivain alchimiste Nicolas Flamel 64
L'essor du commerce avantage les banquiers succédant aux changeurs 67
Un chien empoisonné sur ordre du roi Louis XI 69
Prêtres du Moyen Age et concubinage 70
Paradoxes temporels et casse-tête juridiques 71
Un petit air de guiterne ? 72
Les automobilistes dans la ligne de mire de l'État 73
Engouement pour les singes domestiques au XVIIe siècle 76

Dépot légal : août 2016
ISBN 978-2-36722-021-5

www.ingramcontent.com/pod-product-compliance
Lightning Source LLC
Chambersburg PA
CBHW042018150426
43197CB00002B/65